AF467458

Léonie ROUZADE

LA FEMME

ET

LE PEUPLE

Organisation sociale de demain

Prix : 20 centimes

EN VENTE CHEZ L'AUTEUR
5, avenue Paul-Bert, 5
à MEUDON (Seine-et-Oise)

1905

LA FEMME

ET

LE PEUPLE

La Femme

— Qu'est-ce que la femme?

— C'est la germinatrice de la race humaine; c'est en elle que se forment tous les êtres, hommes et femmes qui ont existé, qui existent ou qui existeront; de ce fait, il résulte, que, le perfectionnement de la race humaine dépend du perfectionnement de la femme, de même, que, le perfectionnement des fruits dépend du perfectionnement de l'arbre qui porte les fruits; plus l'arbre fruitier a le plein air, le plein soleil, l'abondance fortifiante, plus l'arbre, épanoui, infuse la vigueur et les parfums aux fruits qui se forment en lui et qui ne sont que le composé de sa propre vigueur et de ses propres qualités.

Telle est la loi des êtres et des choses, par cet ordre immuable de la nature, qui place la reproduction des êtres nouveaux dans des êtres déjà formés.

Or, quand on est pétri de la chair et de l'impulsion d'une créature, il faut que cette chair soit forte et que cette impulsion soit belle, afin que l'être nouveau soit bien conformé corporellement et bien muni de bonnes qualités.

Si, pour les fruits de l'arbre, les qualités se résument à avoir des parfums savoureux, pour les fruits de la race humaine, c'est-à-dire les enfants, les qualités sont : les bonnes tendances, les bons instincts, qui se répercuteront dans ces nouveaux êtres, s'ils existent chez la mère qui les a engendrés.

Il faut donc qu'aux larges poumons et aux muscles solides, qui lui permettront d'agir fortement, l'enfant joigne un cerveau bien conformé qui lui permettra d'agir utilement d'abord, et supérieurement ensuite, si l'éducation vient utiliser supérieurement ce cerveau.

Car, il faut bien y faire attention : le cerveau n'est pas l'intelligence, pas plus que l'instrument n'est la musique; ils sont simplement : l'un, le moyen de produire les sons harmonieux; l'autre, le moyen de produire les idées. Si c'est un musicien incapable, vulgaire, sans essor vers les grandes harmonies qui fait vibrer l'instrument, cet instrument aurait beau être parfait, sous cette direction vulgaire, il ne rendra que les vulgarités de celui qui le fait vibrer.

Or, si c'est le musicien qui fait vibrer l'instrument musical, c'est l'enseignement donné par les créatures faites qui fait vibrer les cerveauu des êtres nouveaux.

Si l'enseignement est faux et que le cerveau ait de bonnes tendances, l'être sera d'abord réfractaire, par instinct, mais, peu à peu, sous l'incessante pression de la fausseté, il finira par prendre le mauvais pli, ce cerveau, qui pouvait produire les idées les plus nobles, les plus justes, les plus élevées, ne produira que des idées basses, — nuisibles, désorganisatrices de toute harmonie, parce que ceux qui l'auront fait vibrer ne l'auront habitué qu'à de basses vibrations. Et quand l'être nouveau, suffisamment développé, croit penser par lui-même, il se trompe, il ne reproduit que les idées auxquelles on l'a accoutumé ; si ces idées sont mauvaises, il les garde d'autant plus que l'enseignement mauvais l'à habitué à ne se rien démontrer par lui-même, à croire ce qui est adopté par l'usage et à croire que ce qu'il croit est l'exacte vérité et que les idées adverses ne valent rien. Les cerveaux, dressés dans ces doctrines pernicieuses, deviennent donc incapables de produire, plus tard, la vérité, et, toute leur force intellectuelle ne leur sert qu'à être nuisibles, avec plus de facilité et de moyens que les cerveaux moins bien doués.

C'est pourquoi, il faut que les femmes acquièrent les hautes, nobles et justes idées, non seulement pour transmettre un cerveau bien conformé à leurs enfants, mais aussi pour garantir qu'en ces enfants, un mauvais enseignement ne vienne faire produire la basse erreur, à ces cerveaux tout neufs, d'où on peut faire surgir les plus sublimes vérités.

Voilà le rôle de la femme, voilà l'œuvre capitale qu'elle recèle, en elle, et que la civilisation attend pour se fonder. La femme est la source de toutes les modifications humaines, soit en bien, soit en mal, soit en dégénérescence, soit en perfectionnement et ce n'est, que, lorsque la femme aura regardé en face : les religions, les idées et les lois, et que, consciente, alors, de ce qu'il y a au fond des religions, des idées et des lois existantes, elle rejettera tout ce qui, en ces choses, peut conduire à la servitude et n'adoptera que ce qui peut conduire à l'affranchissement. Quand la femme aura acquis cette hauteur de vues, elle transmettra à la race entière des cerveaux conçus sous ces mêmes impressions, et, gardienne vigilante des réceptacles de la conscience humaine, elle ne permettra pas qu'on les avilisse à la grossière animalité, dans laquelle l'homme met sa gloire à écraser l'homme, à enchaîner l'homme, à exploiter l'homme, en place de l'affranchir, de le garantir, de le fortifier.

Cette loi de solidarité, vers le bien, est-elle la loi vraie ou peut-elle être éludée par la race humaine, c'est à-dire les êtres de notre race sont-ils les maîtres de continuer toujours à s'entre-dévorer ou de s'entr'aider pour arriver, tous ensemble, aux plus hautes destinées ; ont-ils la liberté de la civilisation ou de la non-civilisation ?

Non, ils n'ont pas la liberté, et le choix leur est imposé ; c'est la civilisation, parce que ce n'est pas inutilement que la nature a placé, en chacun de nous, l'outillage qui doit produire la raison ; que nous soyons lents à raisonner, c'est-à-dire à comprendre, soit, mais nous sommes outillés pour comprendre, donc, nous comprendrons, et quels que soient les systèmes de gouvernements, aucun ne peut étouffer le sens de la raison, parce qu'il faudrait étouffer la vie. La raison a sa source invincible dans le besoin d'être, enfermé en toute créature, et pour que les innombrables refoulés cessassent de tendre à être heureux, il faudrait qu'ils cessassent d'être sacrifiés ou d'exister ! Ou l'anéantissement de la race humaine ou le Progrès, telle est heureusement la loi que la Nature nous a tracée et de laquelle nous ne pouvons dévier.

Le Peuple

En France, le mot peuple a deux significations ; dans son sens réel, il veut dire la totalité des individus composant la Nation ; dans son sens figuré, il signifie la fraction pauvre de cette nation. C'est dans son sens figuré que le mot peuple doit être pris ici ; c'est donc de la fraction pauvre qu'il va être question. mais, comme cette fraction pauvre est, à elle seule, plus de la moitié de la population, il s'ensuit que, malgré son dénuement matériel et son dénuement scientifique qui en découle tout naturellement, la fraction peuple est cependant la plus importante, car c'est d'elle que dépend la tranquillité du pays tout entier, puisqu'en effet, le pays est calme ou troublé selon que l'esprit du peuple est en effervescence ou au repos ; bref, le camp de ceux qui ne manquent de rien n'a de sécurité qu'autant que, dans le camp de ceux qui manquent de tout, on ne s'agite pas pour procéder à une plus juste répartition.

Or, si tous ceux qui ont leurs aises ne veulent rien changer et prêchent l'immobilité, ceux qui sont mal, c'est-à-dire ceux qui sont comprimés par la pauvreté, ceux-là ne peuvent pas rester immobiles ; on ne s'habitue pas à la misère, du moins on aspire toujours à en sortir ; donc, avec le même zèle, que, les possesseurs de tout refoulent les dépourvus, les dépourvus, sans cesse, s'efforcent d'empiéter sur les biens défendus.

Cet empiètement est-il légitime ? Oh ! oui, car riches ou pauvres sont mêmes créatures ; leur loi est écrite dans leurs besoins, et comme leurs besoins sont les mêmes, ils ont même droit d'y pourvoir.

Les riches se sont pourvus les premiers, soit, mais les pauvres ne tarderont pas à les rejoindre, c'est-à-dire à se pourvoir et à être riches aussi. Qui travaillera ? — Tout le monde ! Le corps a besoin d'activité, donc : obligation pour chacun de faire œuvre ; le corps est un consommateur, donc : obligation pour chacun de faire œuvre utile ; prenant ce qu'il lui faut pour son entretien, chaque individu, doit, en reproduire l'équivalent par un travail qui serve à la société.

Si une moitié de la nation est arrivée première au grand bien-être et à la grande instruction, pourquoi l'autre moitié reste-t-elle si longtemps à la rejoindre ; est-elle donc réellement inférieure ? Non, mais elle est enclavée dans l'ordre social où il n'y a pas, pour elle, d'issue pour sortir, comme jadis la bourgeoisie était enclavée dans les étroites limites où l'avait reléguée la noblesse.

Et, en effet, comment sortir de la pauvreté quand on est pauvre, né de pauvre ? Un, par-ci, par-là, peut en sortir, soit par des talents spéciaux, soit par des protections, soit par des tentatives commerciales ou autres qui lui réussissent, mais la multitude des petits salariés ne peut s'affranchir de la misère ; si tous, même, acquerraient des talents spéciaux, l'abondance de ces talents ferait qu'on ne les rémunérerait plus par des avantages particuliers : « Il en pleut des capacités comme les vôtres », répondrait-on à ceux qui, de ce chef, prétendraient à de meilleures conditions. Si tous s'établissaient patrons, où donc seraient les salariés qui travailleraient pour ces salariants? Il n'y en aurait plus et, les quatre-vingt-dix-neuf centièmes seraient obligés de redevenir salariés.

Voilà le cercle d'airain, où sont enfermés les travailleurs. L'individu peut s'y enrichir, la collectivité jamais; même quand les salaires se haussent pour les travailleurs, ils n'en profitent pas, puisque aussitôt qu'ils gagnent plus, la hausse se fait sur les choses nécessaires à la vie.

Le haut salaire ne peut donner le bien-être qu'à quelques travailleurs, et seulement, tant que c'est une minorité qui est bien salariée, parce qu'alors cette minorité ne constitue pas assez d'acheteurs pour permettre de hausser les cours des loyers et des denrées; si donc, les propriétaires, trafiquants et vendeurs se basaient, sur ces quelques poches mieux garnies, pour élever le prix des logements et des marchandises, les logements resteraient déserts et les marchandises ne quitteraient pas les magasins, parce que le salaire général serait inférieur aux exigeances des propriétaires, trafiquants et vendeurs.

On ne peut tondre un diable que sur ce qu'il a de cheveux, et l'on ne peut tirer de la poche des travailleurs que le maigre salaire qui est tout l'avoir des travailleurs; c'est pourquoi : propriétaires, trafiquants et vendeurs sont obligés de se limiter à la petite quantité d'argent que le peuple peut dépenser, et comme il faut que le peuple vive, les choses les plus indispensables et les plus grossières, dont il ne peut se passer, lui sont accessibles, mais voilà tout.

Tel est le sort des salariés, excepté pour les rares travailleurs qui ont l'avantage d'être mieux rétribués, au milieu d'innombrables mal rétribués; mais dès que tout le monde reçoit forte paye, immédiatement tout le monde est davantage tondu.

Pourquoi? Parce que la législation n'y a pas pourvu. Le camp possesseur a bien eu la vigilance d'organiser les services publics de l'armée et de la marine, afin que la nation ne soit point rançonnée par d'autres nations rapaces ou malveillantes; mais le camp possesseur n'a jamais eu la prévoyance d'organiser des services publics de l'alimentation et du logement, qui auraient préservé le peuple salarié d'être rançonné par la cupidité des propriétaires, trafiquants et vendeurs qui détiennent les choses nécessaires à la vie.

En résumé, la situation du peuple est celle-ci : peu

gagnant, beaucoup tondu, résultat net : miséreux quand il travaille et affamé tout à fait quand il ne travaille pas. Or, le peuple peut même être réduit à l'impossibilité de travailler, car le travail n'est pas encore un droit ; le travail est privilège, accessible seulement à ceux qui possèdent le sol, ou à ceux qui ont les capitaux, pour acheter la matière première du travail et faire œuvre à leur gré et pour leur utilité.

Or, le peuple n'a rien.

Dans ces conditions, la femme du peuple ne peut, comme la bourgeoise, être la ménagère, la gardienne du logis, la nourrice de ses enfants ; non, la femme du peuple n'en a ni le temps, ni la possibilité ; il faut qu'elle travaille, et que son travail lui rapporte un salaire ; et les soins du ménage ne rapportent que de la propreté et de l'hygiène, mais ce n'est pas avec cela que l'on va acheter la nourriture, le chauffage, le vêtement. Pour acheter, il faut de l'argent, et comme l'homme n'en gagne pas assez pour faire vivre femme et enfants, la femme, forcément, quitte son foyer et s'en va, du matin au soir, à l'atelier, à la fabrique, au magasin, au bureau, et elle ne cesse sa corvée que lorsque vieillie, on ne veut plus de ses services, ou, lorsque ses fils et ses filles, étant élevés et gagnant à leur tour, ils lui disent : « Mère, reste au logis, tu nous feras la soupe que nous trouverons chaude aux heures des repas. »

Voilà l'existence de la femme du peuple ; elle n'est pas ménagère, elle n'est plus mère, elle est ouvrière, rouage d'industrie, non par goût, mais par choix impératif, il faut vivre par le travail ou cesser d'être honnête ; c'est pourquoi la femme honnête s'en va à tous les travaux, même les plus durs, les plus pénibles, les plus malsains ; elle est partout où l'industrie veut l'employer ; il n'y a qu'un lieu où on ne la trouve pas ; c'est à son foyer, près de ses enfants, elle n'a pas le temps d'y rester ; les enfants en sont dehors, la mère aussi.

Voilà la femme et la famille du peuple, dans les villes.

Dans les campagnes, pour les ménages qui possèdent un lopin de terre, l'existence est plus familiale, parce que, sans s'écarter de son petit domaine, la paysanne a de quoi travailler et produire des revenus, soit en élevant quelques bestiaux, soit en aidant l'homme aux travaux de la terre, dont elle fait les plus doux, les plus appropriés à ses forces ; mais, comme ces travaux moins pénibles, ne sont pas moins indispensables à la culture que les plus rudes, la femme de la campagne a le moyen d'ajouter un gain à la communauté, sans se louer au dehors pour un travail étranger.

Que pense-t-elle de l'organisation sociale, la brave paysanne, quelles réflexions fait-elle en comparant l'existence fastueuse et oisive des messieurs et dames du château et son existence à elle et celle de son mari et celle de ses enfants? « Tu dors, tu as besoin de repos, allons, il est l'heure, lève-toi, tu te reposeras quand tu seras malade! »

Tel est le code de la maison paysanne.

Au château, châtelains et châtelaines se reposent autant qu'il faut à leur santé et autant qu'il plaît à leur agrément.

Ils travaillent aussi, disent-ils; soit, mais comment travaillent-ils; ont-ils de la boue aux mains et aux vêtements; ont-ils, sur le visage, la lassitude épaisse qui vient de l'accumulation des corvées? Non; quand châtelains et châtelaines travaillent, ils sont pimpants, leurs yeux brillent, leur teint est reposé, leur physionomie épanouie; c'est que leur travail, à eux, ce n'est pas de remuer la terre, d'y enfouir du fumier, de nettoyer l'étable et de faucher le pré; non, leur travail, à eux, c'est, d'un mouvement délicat des doigts de frapper sur les touches d'un piano ou de frôler les cordes d'un violon, et alors, il en sort des sons harmonieux qui réjouissent les oreilles et la pensée; oh, le joli travail! Châtelains et châtelaines en ont d'autres, ils prennent, parfois, des pinceaux, et, sur des morceaux de toile, ils construisent: des palais, des navires, même des maisonnettes et des chaumières; ils font croître aussi des forêts et y entassent des amas de fagots prêts à être brûlés; ils dressent des meules de blé dans les plaines, ils empilent des moissons dans des chariots, ils préparent les granges où ces moissons seront enfermées, mais, pour tous ces travaux de nettoyage, de charrois, d'agriculture ou d'architecture, châtelains et châtelaines n'ont pas besoin de quitter leur salon ni leurs beaux effets; c'est avec les mains blanches et la peau fine qu'ils reproduisent, en peinture, les travaux réels que d'autres ont fait avec les mains caleuses, les vêtements salis et les souliers crottés, qui sont les conséquences inévitables, quand on fait de véritables constructions, de véritable culture, de véritables moissons.

Châtelains et châtelaines ont aussi la sculpture: avec de la terre glaise, ils pétrissent des têtes, des corps qui représentent: soit des êtres de race humaine, soit des bestiaux, même des bêtes féroces, mais cela toujours dans leur bel appartement, avec leurs belles robes de chambre ou leurs beaux vestons de velours ou de satin.

Puis, quand ce travail leur déplaît, ils font de l'équitation, c'est-à-dire ils s'en vont à cheval, courir fièrement les bois et les routes et, lorsqu'ils reviennent, ils changent de tenue et font toilette de cérémonie pour le dîner.

Voilà les occupations du château. Que ces occupations seraient douces récréations pour la pauvre famille du paysan !

Mais, jusqu'à présent, les parts sont ainsi faites ; au château, châtelains et châtelaines ne s'activent que pour se récréer ; jamais de travaux matériels, rien que des occupations d'agrément ; à la pauvre maison paysanne, rien que des travaux matériels, jamais de travaux d'agrément.

Cependant châtelains et châtelaines ne vivent que par ces choses matérielles, qu'ils dédaignent de produire, mais dont ils ne pourraient se passer ; car, si châtelains et châtelaines sont parvenus à ce que les pauvres leur accordent des privilèges, la nature n'en a pas pour eux.

Si la toiture du château s'effondrait, et que personne ne voulût la réparer, le châtelain serait obligé, ou de la réparer lui-même, ou de recevoir la pluie, qui le mouillerait, sans plus de façon qu'elle mouille la borne du chemin.

Si le châtelain avait usé sa provision de chaussures, et que personne ne voulût lui en faire de nouvelles, le châtelain serait obligé de se fabriquer lui-même ses souliers ou d'aller pieds nus, et alors la boue lui salirait les pieds, comme elle salit les pieds du pauvre, et les cailloux lui troueraient la peau, comme ils trouent la peau des autres « va-nu-pieds ».

Et, si le riche, abandonné, tombait d'épuisement en quelque coin de terre et qu'il y mourût, la nature n'en prendrait pas le deuil et ne lui élèverait pas une tombe ; tout ce qu'elle ferait, ce serait que, plus tard, l'herbe pousserait plus drue à l'endroit où le riche serait tombé et resté ; mais ce ne serait point par manifestation spéciale, car l'herbe y serait encore bien plus drue et bien plus forte si, en place d'un homme, c'était un bœuf qui y soit tombé et resté.

Voilà l'exacte vérité en cette question.

La nature ne nous impose pas les possesseurs ; car, par eux-mêmes, ils ne pourraient ni produire leurs richesses, ni les défendre, ni les faire fructifier, ils sont simplement le résultat d'une convention sociale qui leur permet d'avoir des parts colossales, comme jadis la convention du droit d'aînesse permettait à la famille de léguer tous ses biens à un seul de ses enfants et de laisser les autres dans la pauvreté; le droit d'aînesse a été aboli et, dès lors, les enfants, frères et sœurs, ont hérité également.

Telle est la base fragile de toute haute situation de fortune; c'est une convention sociale qui fait des riches et qui fait des pauvres, mais que cette convention sociale cesse d'être acceptée, et les parts seront réformées selon la nouvelle convention établie.

Voilà mathématiquement ce qui est : Tout doit donc, finalement, se niveler, parce que nul ne peut se soustraire à la loi égalitaire, qui fait que chaque individu ne peut que ce que la collectivité lui permet.

La paysanne entrevoit-elle ces choses, pense-t-elle qu'il y aura un terme à l'oisiveté riche des uns et la pauvreté travailleuse des autres; pense-t-elle qu'une plus juste répartition équilibrera finalement et pareillement, sur tous, les charges et les biens; pense-t-elle cela?

Oui, elle le pense vaguement, sans doute, mais elle le pense de plus en plus. Qui l'y a conduit, est-ce son mari? Non, le paysan vit comme la paysanne, toujours avec les champs, les arbres, les bestiaux et les mêmes créatures humaines avoisinantes ; on ne se modifie pas beaucoup les idées parmi les gens stationnaires; mais si le paysan et la paysanne ne bougent pas, ne vont pas à la ville, les idées de la ville viennent, tout de même, à eux. Par quel moyen? Par les enfants qui ont grandi et qui ne peuvent pas vivre sur le petit lopin où père et mère ont vécu.

La petite propriété ne s'est pas étendue en même temps que s'augmentait la famille; louer du bien, c'est hasardeux, cela se loue cher, et si la récolte est mauvaise, et même quelquefois totalement détruite par la sécheresse, les pluies ou la grêle, non seulement on n'a pas gagné, mais on est endetté, et c'est la ruine au bout; aussi, les enfants s'en vont à la ville prochaine ou lointaine; les uns se placent comme serviteurs, les autres deviennent artisans, et comme, de temps en temps, ils reviennent au village voir père, mère et amis, ils leur disent ce qu'à la ville ils ont vu, entendu et les idées nouvelles qu'ils y ont puisées, le plus souvent fort involontairement; il y a aussi le service militaire qui fait circuler les garçons d'un bout à l'autre du territoire, les « dépayse », comme on dit, et les ramène au village avec des idées quelquefois tout opposées à celles qu'ils avaient avant; de telle sorte que, sans bouger et même sans le journal, le paysan et la paysanne reçoivent sans cesse un peu des idées des villes.

La paysanne est-elle gagnée aux idées nouvelles? Elle y vient peu à peu, mais elle ne le montre pas; la paysanne est prudente à l'excès; elle attend que les choses soient possibles, même presque réalisées, pour s'y rallier et le manifester; il y en a, certes, beaucoup qui sont à ce point-là; mais, même les plus réfractaires, les plus arriérées, les plus tenaces aux idées anciennes, sont disciplinées au courant nouveau qu'elles résument ainsi : « De nos jours, il faut tout entendre et ne rien dire », ce qui équivaut, pour elles, à reconnaître que, maintenant, les idées nouvelles ont droit de liberté, c'est-à-dire droit de s'affirmer publiquement et de faire concurrence aux idées du passé.

Les propagandistes du droit nouveau peuvent donc, dès à présent, circuler dans les campagnes sans crainte d'y être hués, fourchés ou lapidés; le paysan les écoute sans rien dire et la paysanne se souvient que ses fils et ses filles ont souvent manifesté devant elle ces mêmes théories. C'est de leur côté qu'elle se rangera le jour où il faudra se décider, jamais du côté ancien. Il est usé, on y a été trop malheureux !

Sans doute, il reste encore des paysannes imbues de l'ancien système, mais elles ne sont qu'en petit nombre; ce sont les dernières représentantes d'un régime non encore disparu, mais prêt à s'écrouler.

En résumé, la paysanne est maintenant la réserve toute prête qui s'adjoindra au camp socialiste victorieux; elle ne s'y enrôle pas par avance, mais, désormais, elle ne le combattra pas.

Pour adopter une constitution nouvelle, qui n'existe pas encore, il faut en concevoir le plan, en comprendre, avec certitude, les résultats avant même que le mécanisme ait fonctionné. Voilà ce qui fait le retardement des recrues : le doute.

Or, ce qui avait manqué surtout, jusqu'à présent, à la paysanne, c'était de croire le progrès possible; elle y croit, maintenant; c'est une foi encore vague, encore mystérieuse, mais c'est une foi : « Les choses seront changées, le mal disparaîtra de dessus la terre »; voilà l'évolution nouvelle qui se forme lentement et silencieusement en son cerveau, à côté des anciennes croyances qui y sont encore, mais déjà amoindries et condamnées à totalement s'effacer.

Telle est la conscience de la paysanne, à présent, et cela

sans aide; que serait-ce si un enseignement régulier avait mis en ordre toutes les vérités éparpillées, qui, chacune isolément, peut être traitée de formule inexacte, tandis que, reliée aux autres et à sa vraie place, elle prouve qu'elle est ce qu'elle doit être et qu'il n'y a pas moyen qu'elle soit autrement; absolument comme, devant les rouages épars d'une horloge, le critique injuste ou inexpérimenté peut dire que ces rouages sont taillés sur de fausses dimensions; mais que la main de l'horloger assemble les diverses pièces, et l'on voit aussitôt que pas une n'est défectueuse parce que pas une n'y gêne l'autre et que toutes se font mouvoir mutuellement et se facilitent l'action.

Voilà ce que la méthode démontre.

Mais de même qu'on ne vient pas au monde en sachant le métier d'horloger ni aucun autre métier, de même on ne vient pas au monde en sachant raisonner avec précision, et si on n'a pas appris à débrouiller les idées et à les classer selon leur juste valeur, on laisse souvent bafouer et traiter d'erreurs les vérités les plus absolues, tandis que les erreurs les plus ridicules sont qualifiées d'indiscutables vérités.

Y a-t-il donc des vérités absolues? Oui, il n'y a même que des vérités absolues, autrement ce ne seraient pas des vérités. Ainsi, par exemple, ce qui est absolu, c'est que nous avons tous les mêmes besoins; que c'est le travail, uniquement, qui y pourvoit, et que la terre et tout ce qu'elle contient, personne ne l'a fait; donc, tous nous y avons droit.

Voilà le fond absolu, qui ne peut changer; mais cela n'impose pas l'uniformité. La loi absolue dit : « mange », mais avec ce correctif : « mange à ton goût », il y a là diversité des aliments.

La loi absolue dit : « tu consommes, donc, tu dois produire, et, comme tout ce qui te sert est le résultat du travail général, tu dois, obligatoirement, faire une part utile de ce travail général, mais après, agis à ta fantaisie. »

La loi absolue dit : « Tu as fait tâche égale, tu as droit à part égale, mais ce bénéfice pareil à celui des autres, tu n'es pas obligé de l'employer comme l'emploient les autres; fais-en ce qu'il te plaira. »

Voilà déjà ce qui est absolu : droit égal de posséder, obligation égale de travailler et égalité dans la répartition.

Que les humbles travailleurs des humbles métiers le

comprennent : faire un compas, c'est faire un travail égal à celui qui, avec ce compas, fera les plus beaux plans, car, pas de compas, pas de précision dans les lignes tracées; celui qui prépare les métaux dont le compas sera fait, celui-là fait un travail égal à celui qui fait le compas, car, pas de métaux pour faire le compas, pas de compas; et celui qui extrait le minerai et l'apporte à la surface de la terre, celui-là fait un travail égal à toutes les productions, même les plus hautes, les plus superbes, car c'est la base de l'universel outillage; or, pas d'outillage, pas de production, pas même celle de la pensée, car, pour fixer l'idée, lui donner corps, il faut la plume ou le crayon, l'encre et le papier, et la nature n'en produit pas, c'est l'œuvre des corporations.

Telle est la loi invincible qui conduira les humbles travailleurs des humbles métiers à avoir la même part d'indépendance et de bien-être que les travailleurs des métiers soi-disant supérieurs, parce que chaque humble travailleur pourra toujours dire à la profession soi-disant élevée : « Je suis ta base; sans moi, sans mon apport, tu ne serais pas », de même que les pierres, qui font la base d'un édifice, pourraient dire au sommet qui se dresse : « Si nous cessions de te soutenir, tu tomberais à plat. »

Les pierres ne le diront pas, mais les travailleurs pourront le dire et ils le diront.

Voilà comment l'égalité sera fondée entre tous les genres de travaux, et les orgueilleux accepteront cette égalité, non par bienveillance, condescendance envers le peuple, mais tout simplement, comme ils acceptent de respirer, de digérer et d'évacuer le résidu de leurs digestions, non pas dans le but d'être agréable au vulgaire, en se modelant sur sa méthode, mais parce que, si orgueilleux qu'on soit, il faut absolument respirer, digérer et évacuer.

Tout ce que la nature ordonne, il faut s'y soumettre; à son tour, s'appuyant sur l'égalité qu'impose la nature, le peuple l'imposera avec la même autorité; il dira : « que la tâche soit égale, que le bien-être soit égal et que chacun vive comme il voudra et fasse de son butin l'usage qu'il lui plaira ». En ces temps-là, les loisirs et les profits seront grands, par les machines qui travailleront pour la race humaine et lui augmenteront, de plus en plus, les produits en lui diminuant, de plus en plus, la corvée.

Voilà l'avenir, est-il loin? Qui sait!

Y a-t-il au moins une preuve qui donne la mesure que le peuple entrevoit déjà cette loi de l'égalité ? Oui, il y a une preuve. Laquelle ? C'est que, dans les villes, l'homme commence à réclamer, pour la femme, salaire égal au salaire de l'homme ; et pourquoi ? Est-ce par sentiment de justice envers la femme ? Non, pas encore, c'est tout simplement pour garantir ses intérêts à lui, homme ; la femme, de plus en plus, lui est substituée comme ouvrière, comme travailleuse, comme mercenaire, et si cette mercenaire travaille au rabais, l'homme est mis en demeure : ou de travailler au même rabais ou de ne plus travailler.

Voilà comment l'inégalité s'est révélée à l'homme comme le plus terrible des dangers, par la femme, la femme classée en inférieure, en arrière de tous les inférieurs, et qui vient, maintenant, faire baisser les salaires de l'homme partout où elle travaille en place de l'homme ; car, dans notre organisation sociale singulière, si l'homme, invariable dans ses besoins, est très variablement payé, selon qu'il fait tels ou tels travaux, la femme, pour les mêmes travaux, est toujours moins payée, parce qu'elle est femme !

On a tant répété à la créature féminine : « Tu n'es qu'une femme », comme si être une femme était une déchéance, que, la femme a fini par croire qu'elle était vouée à tous les abaissements ; or, maintenant que l'industrie lui ouvre ses portes, elle y va, et le salaire, déjà si insuffisant, qu'on donne à l'homme, on le rogne encore pour elle, et elle l'accepte avec joie. « Je ne suis qu'une femme », se répète-t-elle, suivant la vieille leçon apprise, et, sans protestation, elle fait pour trois francs plus de travail que l'homme n'en ferait pour quatre, et elle a même de la reconnaissance pour les personnes qui veulent bien l'employer : « Je ne suis qu'une femme ! »

C'est avec cette formule abaissante qu'elle comble tout ce qui lui manque et qu'elle consent à jeûner, grelotter, et pâtir davantage que l'homme, en travaillant autant et même plus que l'homme : « Je ne suis qu'une femme ! »

Mais qu'est-ce donc qu'être femme ? — C'est être l'origine de la vie !

Seulement ce que l'homme a recuilli, et surtout ce qu'il recueille, à présent, de l'antique abaissement de la femme, c'est qu'il lui faut se courber au niveau où la femme s'est courbée.

Et combien cela s'étend ; car, excepté pour les trop rudes métiers où la femme ne s'enrôlera guère, ce sera bientôt le salaire féminin qui déterminera le salaire masculin. Les spéculateurs diront aux hommes : « Voilà le nouveau tarif ; s'il ne vous convient pas, cherchez de l'ouvrage ailleurs, notre personnel féminin nous suffit. »

Telle est la situation déjà éclose. C'est pourquoi, dans les villes, l'homme s'inquiète et en vient à dire à la femme : « Soyons égaux, ne me fais pas concurrence, exige de gagner autant que je gagne et si tu ne l'exiges pas, je l'exigerai pour toi. »

Voilà ce que disent déjà quelques hommes ; d'autres, à l'esprit élevé, disent à la femme : « Ne sois pas seulement ouvrière d'industrie, deviens ouvrière de civilisation ; viens apprendre, avec nous, l'idée nouvelle, le droit nouveau, la forme sociale nouvelle ; nous ne sommes pas, les uns, des bestiaux et, les autres ne sont pas, exclusivement, la race humaine, nous sommes tous la race humaine ; il faut donc fonder une société où toi femme, moi homme et nos enfants, nous ayons la large, bonne et belle existence qui convient à l'humanité et que les privilégiés se sont adjugés en nous oubliant ! Femme, ma compagne, toi pauvre, moi pauvre, ne nous oublions pas, et la main dans la main, devenons la force, pour imposer, sur la terre, la vraie loi de l'humanité, c'est-à-dire les mêmes garanties, protectrices également de tous comme le même soleil déverse ses mêmes bienfaits sur chacun. »

Chose étrange, ils sont peu nombreux encore, les hommes qui ont hâte de secouer la misère et qui appellent la femme au grand travail de la civilisation. Pourquoi ? C'est que si la femme se dit : « Je ne suis qu'une femme », l'ouvrier se dit : « Je ne suis qu'un ouvrier », et il lui semble tellement, qu'être ouvrier, c'est être peu de chose, qu'il se contente des déchets qu'on lui réserve et que la société fait spécialement pour lui ; son logis, en entier, est plus petit que le vestibule du riche, son vêtement est moins confortable que le vêtement du domestique du riche, sa nourriture est moins bonne, moins abondante et moins variée que la nourriture du valet de chambre du riche, et en fait de loisirs, pas même le temps de manger à l'aise, car l'ouvrier doit courir prendre son repas, l'avaler en deux temps et courir de nouveau pour reprendre sa besogne, comme si les matériaux étaient, par hasard, de passage sur la terre et comme s'il fallait se précipter à les employer avant qu'ils n'en soient repartis.

Voilà l'existence de ce travailleur, et bénévolement, il se console avec cette formule : « Je ne suis qu'un ouvrier ? »

Mais qu'est-donc qu'être ouvrier ? C'est être le préparateur de l'existence universelle ; car, sauf la matière brute et nos mains, tout ce qui nous sert à vivre et à faire œuvre est le résultat du labeur ouvrier. Voilà le fait que l'antique méthode ou n'a pas vu ou n'a pas voulu constater; et l'ouvrier, préparateur de la vie des autres, et la femme, origine de la vie des autres, tous deux se tiennent humblement dans le camp de misère où on les a parqués.

Dans ce camp de misère, peu de femmes réclament les droits politiques; qu'en feraient-elles? Elles n'en savent rien. Elles voient que l'homme, l'électeur, est chassé de l'usine comme elles en sont chassées, elles, femmes; elles voient que l'électeur est privé d'ouvrage, et par conséquent de salaire, tout comme elles en sont privées, elles, femmes; elles voient que l'électeur doit se soumettre aux exigences patronales tout comme elles doivent s'y soumettre, elles, femmes; et alors, chacune se dit : A quoi bon réclamer le droit de vote, puisque l'homme, qui a ce droit, n'en a pas sa situation modifiée; et tous deux, lui, le votant, elle, la non-votante, gardent l'organisation sociale que d'autres ont faite pour eux.

Mais si c'est encore le grand nombre qui a cette passivité, la minorité s'agite et s'agite avec la lucidité du mouvement à opérer; c'est-à-dire, elle sait ce qu'elle veut faire, le but où elle veut arriver et comment elle y arrivera. C'est la boule de neige s'organisant elle-même, se grossissant, volontairement, en avalanche colossale et choisissant la route où elle veut passer et tout emporter! Or, que veut emporter cette avalanche? Elle veut emporter, non les êtres, mais les mauvaises institutions.

Voilà le but, du groupement populaire, qui doit emporter toutes les servitudes; et c'est pour cela, que, l'homme civilisateur dit à la femme : « Sois des nôtres et amène à nos idées tes compagnes les égarées, les dupées, les arriérées. »

Déjà bien des femmes comprennent et prêchent la foi sociale, la foi au progrès, la foi au bonheur de l'humanité! L'homme retardataire les entend, il s'émeut et songe qu'il lui faut, lui aussi, faire sa part dans le travail de la civilisation, autrement, que serait-il? Puique la femme travaille au progrès, il doit y travailler, lui, homme, il le doit, il le peut!

Oui, si illettré qu'il soit, il le peut, car l'alphabet social n'est pas difficile à apprendre ; — Y a-t-il, sur la terre, des matériaux pour le bien-être, le luxe et l'agrément de tous? — Oui. — Y a-t-il, dans les cerveaux, l'intelligence pour choisir les vérités et repousser les mensonges? — Oui. — Est-ce la nature qui nous condamne à travailler tant? — Non. Si nous travaillons tant, c'est parce que d'autres ne travaillent pas et vivent; nous faisons donc leur part en plus de la nôtre; qu'ils fassent leur part désormais! — Est-ce la nature qui nous condamne à la misère? — Non. Quand le sol cessera d'être fertile; quand les arbres, les plantes, les minéraux disparaîtront; quand le soleil s'éteindra, oui, nous serons condamnés à nous disputer les débris de ce qui restera, mais, tant qu'il y a sur le globe la source de toutes les splendeurs, la misère est une mauvaise œuvre stupide, inventée par les sociétés!

Voilà l'alphabet social.

Hommes et femmes du peuple s'enseignent déjà mutuellement à l'épeler; quand ils le sauront couramment, ils seront législateurs; il n'y a pas besoin de savoir le grec ou le latin pour comprendre le droit humain, il n'y a qu'à se regarder, à voir ce que l'on peut, ce que l'on est.

Les civilisateurs, dans le peuple, comprennent très bien que le bulletin de vote est le moyen pour établir la formule sociale que l'on veut et ils disent : « Tout être humain doit voter, donc la femme doit voter. » Mais, ils disent encore à la femme : « Si tu votais, sans avoir préalablement, dans ta conscience, le plan du droit nouveau qu'il faut à l'humanité, comment voterais-tu? Peut-être mal, peut-être consoliderais-tu l'ancien système, et alors, tu serais ton ennemie et la nôtre; avant donc de réclamer ce bulletin de vote, cherche bien l'œuvre à faire, cherche bien la solution qui peut détruire le mal, à tout jamais, et enseigne-là à toutes tes compagnes, afin que toutes soient d'accord pour fonder la véritable civilisation. Et que faut-il pour la vraie civilisation? Il faut : le droit pour tous à la science; le droit pour tous au travail; le droit pour tous à la propriété! »

Voilà ce que les socialistes disent à la femme du peuple, à l'ignorante, à la mercenaire, à l'écrasée du travail industriel des villes; et l'ignorante, la mercenaire, l'écrasée du travail et de misère entend sourdement, au fond de sa conscience, une voix qui lui dit : Ceux-là ont raison?

C'est pourquoi la femme du peuple ne s'associe pas aux bourgeoises qui réclament les droits politiques; mais elle est bien proche de s'associer aux socialistes, qui préparent le plan de la nouvelle et meilleur société.

Quand l'armée pacifique aura rallié toutes les recrues que la dignité, la maternité, le bon sens, le besoin de vivre lui enverront quand même, alors ce sera cette armée de travailleurs, hommes et femmes, qui dira : Le mal est supprimé, et c'est nous, Peuple, qui l'avons supprimé!

L'Enfant du Peuple

Dans les temps primitifs, comment la famille parvenait-elle à élever l'enfant? Elle y parvenait par le courage; l'homme et la femme pouvaient se construire un logis, s'ils en avaient l'activité et l'intelligence; nul ne venait leur dire : Ces forêts sont à moi, je vous défends d'y prendre l'espace et les arbres nécessaires à la construction de votre demeure; restez errants au froid, au vent, à la pluie, vous, père, mère et enfants, afin que mes arbres restent debout dans mes forêts! Non, nul ne venait dire cela aux familles primitives et elles pouvaient se construire des habitations; elles pouvaient aussi cultiver la terre et y faire produire les plantes nécessaires à leur alimentation, nul ne venait leur dire : Ce territoire m'appartient, je vous défends d'en cultiver même les endroits incultes ou improductifs; croisez-vous les bras et mourez de faim devant les ronces qui poussent naturellement, et n'y substituez pas le blé que votre travail pourrait y faire pousser! Non, nul ne venait dire cela aux familles primitives, et si quelque créature l'avait osé, on se serait rué sur elle et, courant comme une trombe à la conquête des choses nécessaires, la famille se serait installée là où elle aurait vu la possibilité de vivre, et elle y aurait pris sa part de place et de matériaux.

Le courage pouvait donc toujours faire vivre la famille primitive; il y avait, sans doute, le danger des bêtes féroces, et c'était, souvent, le chasseur qui servait de gibier en place d'en rapporter aux siens; il y avait aussi le danger d'être attaqué par les peuplades errantes qui ravageaient les terres cultivées et en chassaient les occupants; mais la guerre subsiste encore de nos jours, et si, dans nos sociétés modernes, on n'est plus broyé d'un seul coup sous les robustes mâchoires des lions ou des ours, on y meurt lentement de fatigue, d'épuisement et de privations. Pourquoi? Parce que, dans nos sociétés modernes, une législation factice a supprimé, à l'individu, le droit naturel de propriété.

Venus, tous nus, sur la terre, les premiers occupants

y ont tout pris, ont tout mis sous clé et ont dit, ensuite, à ceux qui venaient et qui n'avaient rien : Si vous voulez une parcelle du sol pour vous y installer, si vous voulez une part de matériaux pour travailler, achetez-les! Mais avec quoi acheter, puisque la nature ne nous fait pas pousser des pièces de cent sous dans les poches, comme elle nous fait pousser des cheveux sur la tête; donc, nous tous, nés de pauvres, nous sommes-là avec nos besoins, les possesseurs sont là avec les sources de l'existence; s'ils ne veulent pas nous faire travailler, nous mourrons, et s'ils nous font travailler, ils sont libres de nous imposer le salaire et les conditions qu'ils ont décidés.

Nous pouvons donc dire que, maintenant, le courage ne sert plus au travailleur qu'à s'épuiser, prématurément, au service des exploiteurs; mais le courage ne peut plus, désormais, conduire le travailleur au bien-être et à une part de propriété. Non! son salaire est fixé au minimum de ce qu'il faut à l'entretien de son corps; sa tâche excède les forces disponibles de ce corps; quand elle est achevée, il ne peut que s'appesantir comme une masse épuisée; il lui est donc impossible de faire double tâche pour se procurer double salaire; s'il en avait même l'héroïque folie, il ne pourrait la réaliser, car où trouver des heures pour travailler en surplus, quand la tâche vous prend dès l'aube et ne vous quitte qu'à la nuit, et même, quelquefois, se prolonge fort avant dans la nuit; il faut y joindre la course, le matin, pour aller du logis à l'ouvrage, et la course, le soir, pour revenir de l'ouvrage au logis. Pauvre, pauvre travailleur! Et voilà l'existence des petits salariés, et les petits salariés sont le nombre immense dans la population.

Par quel prodige l'enfant peut-il s'élever chez ces pauvres gens, comment cette bouche nouvelle peut-elle trouver pâture dans le pauvre logis, où père et mère sont déjà à peu près affamés?

Chez les petits salariés, l'enfant s'élève en dévorant ses parents; il leur mange la chair, à chaque bouchée qu'il prend et que les parents devront se retrancher, puisque rien ne leur sera fourni pour élever cet être nouveau; et, tout ce qu'il lui faudra, à cet enfant, tout sera pris sur la portion déjà si insuffisante des parents; ils porteront des chaussures plus trouées, parce qu'il faudra des chaussures pour l'enfant; ils porteront des vêtements plus usés, parce qu'il faudra des vêtements pour l'enfant; père et mère auront aussi moins d'air respirable, parce qu'il faudra réduire le logement au fur et à mesure que les enfants naîtront, puisque, ce que l'homme et la femme seuls pouvaient mettre au loyer, ils ne le peuvent plus quand les enfants sont nés et qu'il faut des ressources pour les élever.

Et ces ressources, où les prendre, quand la société ne donne rien ? Où les prendre ? Là seulement où l'on peut, sur soi-même !

Et alors, pour ces petits salariés, dont la part est déjà si restreinte, c'est la détresse, c'est le dénuement, quand l'enfant vient.

Et l'enfant, est-ce une fantaisie, une invention de la race humaine, un besoin qu'elle s'est créé ?

Non : maternité, paternité, vous êtes l'éclosion, la survivance de la race qui, sans cela, disparaîtrait ; mais pour ces êtres nouvellement éclos et dont le bon développement dépend de la façon dont ils seront élevés, notre société moderne n'a rien, rien que la charité !

Cependant, quand il s'agit de garantir la propriété, quand il s'agit de défendre, contre l'envahissement, le sol national où les riches possèdent leurs domaines, est-ce à la charité qu'on s'adresse ? Est-ce que la loi dit au soldat : « Quand tu ne possèdes rien, tu es libre de ne pas faire de service pour la défense de la propriété des autres ! » Non, non, la loi ne dit pas cela ; au contraire, elle dit : « Si pauvre que tu sois, tu n'en dois pas moins faire le service militaire pour la défense de la nation où tu es né ; si tu ne le fais pas de bon cœur, fais le tout de même, et si tu t'y refuses, meurs ! La loi ne te permet pas de refuser ton aide à la propriété d'autrui ! »

Voilà ce que la loi dit, même au plus pauvre.

Or, si la loi oblige les pauvres à sacrifier leur temps et jusqu'à leur existence pour assurer la sécurité à ceux qui possèdent le territoire et toutes les richesses, la loi n'a pas encore obligé ceux qui possèdent territoire et richesses à verser une part de leur superflu pour élever les enfants de ceux qui n'ont rien.

Non, non, dans notre société moderne, il y a des budgets pour garantir les biens, les titres, les rangs des personnes qui possèdent quelque chose ; il y a aussi des budgets pour offrir des distractions aux riches : avec la caisse nationale, on subventionne l'Opéra, afin qu'on y puisse bien danser et bien chanter ; on subventionne des théâtres de comédie, afin qu'on y puisse bien débiter les vers et la prose ; toujours sur la caisse nationale, on prélève des grands prix pour encourager les courses de chevaux et que les parieurs soient satisfaits ; on va même jusqu'à subventionner le clergé, pour l'œuvre impalpable de la prière; mais il n'y a pas de budget pour l'œuvre très palpable de la maternité; dans notre société moderne, le prêtre est rétribué pour se consacrer au service d'un Dieu imaginaire qui n'a besoin de rien, et la femme, la mère, ne reçoit rien pour se consacrer au service de l'enfant, très réel, qui a besoin de tout; dans notre société moderne, le prêtre est exempt de travail, afin que l'autel ne soit point désert, quoique le soi-disant Dieu n'y loge pas effectivement, et la femme, la mère, doit délaisser l'enfant et aller gagner son pain à l'atelier. Pourquoi? Parce que l'homme qui prie est nourri par l'Etat, et que la femme qui est mère ne reçoit rien de l'Etat!

Etrange morale, étrange civilisation, qui fait une fonction sociale de la prière et qui ne fait pas une fonction sociale de la maternité!

Aussi, chez l'ouvrière, chez la salariée, la maternité est une œuvre de surcroît, que la femme doit faire entre deux corvées! Oh! mais on la lui facilite cette œuvre! Il y a les asiles, les crèches; l'ouvrière peut y porter son enfant, le matin, en allant au travail; elle peut l'aller voir à midi, si elle est proche, et elle le reprend le soir quand elle revient de l'atelier; elle est mère lorsque sa journée d'ouvrière est finie; mais il est bien tard, et, à cette mère, comme aucune servante n'a fait le ménage ni la cuisine, sa maternité consiste à entendre crier le poupon, qui ne se trouve pas bien et qu'elle ne peut ni bercer, ni endormir, car il lui faut faire la soupe et balayer le logis. Pauvre, pauvre mère, pauvre maternité!

Cependant, si elle ne peut pas élever ses enfants, l'Etat les élèvera tout de même; l'Etat a préparé, pour eux, la « Grande Maison », la maison des enfants trouvés, ou assistés; et l'enfant ne verra plus sa mère et la mère ne verra plus son enfant! « Adieu, je t'ai mis au monde, je ne peux pas te nourrir; pour que tu ne meures pas, je me sépare de toi à tout jamais; adieu, mon enfant, adieu! »

Voilà ce que l'Etat offre à la famille trop pauvre, à la veuve et à la fille-mère qui ne veut pas se prostituer pour élever le nouveau-né.

O cruauté innommable! ô société étrange! quelle morale as-tu donc? quelles idées circulent donc dans les cerveaux de tes dominants, de tes chefs, de tes conducteurs, de ceux qui t'apprennent à penser? Quoi, pour que tu donnes du pain à l'enfant, il faut que l'être qui l'a enfanté se sépare du fruit de ses entrailles, comme si la maternité était une excroissance qu'on s'extirpe, quand elle est parvenue à maturité et sans qu'il en reste rien, que le soulagement d'en être débarrassé !

Étrange morale, étrange société, étrange civilisation, et combien il serait temps de vous réformer !

Quelle est l'œuvre la plus précieuse de la race humaine, c'est-à-dire quelle est l'œuvre à laquelle elle doit mettre le plus de soin, le plus de science, le plus d'art, le plus de vigilance ? C'est à coup sûr l'élevage de l'enfant, puisque plus les enfants sont développés en intelligence et en santé, plus ils auront ; beauté du corps et beauté de l'esprit ; si donc, tous sont développés avec des soins supérieurs, tous formeront, par leur ensemble, une race humaine supérieure et la vie deviendra facile et harmonieuse, parce qu'aux richesses matérielles, que la race humaine aura su se créer, elle joindra, de n'avoir parmi elle que des êtres conscients de la dignité humaine ; dans cette société-là, aucun abus, aucune bassesse, aucune usurpation ne pourraient pas plus se maintenir, qu'entre bons musiciens, les fausses notes ne peuvent être tolérées et quiconque a fait la fausse note, est obligé de s'en excuser et de reprendre le ton juste qu'exige l'harmonie.

Voilà ce que produira la culture égale de l'être humain ; mais, jusqu'à présent, il n'y a qu'un tout petit nombre de cultivés ; ce sont comme des échantillons de ce que peut devenir la race humaine ; les autres sont négligés ; on ne les perfectionne pas par une hygiène exacte et une instruction correcte, mais on les détériore souvent, par manque de soins matériels et mauvais enseignements.

A qui la faute ? A l'orgueil mal placé qui a fait croire aux plus capables, aux plus instruits, aux plus riches, que leur gloire était de s'isoler de la race humaine en se réservant, pour eux, un développement que la multitude n'aurait pas.

Ces orgueilleux à faux n'ont jamais compris que la preuve des facultés, c'est l'œuvre que l'on fait et que si un statuaire n'avait ciselé que des ébauches grossières, on lui dirait : « Tu te crois artiste, tu ne l'es pas ; ton œuvre vulgaire te classe dans les rangs de la vulgarité. »

La même chose, l'œuvre d'une classe réellement supérieure, ce serait de doter la race entière de toute la science, de toute l'instruction, de tous les perfectionnements trouvés ; voilà quelle serait l'œuvre vraiment glorieuse de ceux qui ont : intelligence, instruction, richesse; mais se les adjuger à soi, en priver les autres et se proclamer ensuite supérieur, c'est être, en effet, supérieur, mais à la façon des goinfres qui, à une même table, se gavent de toutes les succulences et même s'en emplissent les poches, sans s'inquiéter si les autres convives n'auront que du pain sec à manger.

C'est très beau qu'une nation puisse montrer ses œuvres d'art, ses monuments, ses chefs-d'œuvre artistiques et industriels qui font l'embellissement de la vie, mais l'être qui est la vie, l'enfant qui est le recommencement du genre humain, c'est lui l'œuvre suprême dont devrait se préoccuper le génie de la race entière, c'est lui surtout, l'enfant, qu'il faudrait embellir et perfectionner, et cela se peut, d'abord, parce que la race humaine est essentiellement perfectible et, ensuite, parce que, dans la période de l'enfance et de la jeunesse, le corps de l'être nouveau acquiert le développement selon les facilités qu'il trouve et sa pensée prend la direction des idées et des manières d'être étalées devant lui.

Mais, hélas! dans notre société, l'enfant s'élève au hasard des ressources de la famille où il est né, Si ses parents sont pauvres, il n'aura point de ce plein air qui emplit les poumons et qui décuple la vitalité, car qui dit pauvreté, dit petit logis, et par suite air insalubre ; il n'aura point cette bonne nourriture qui donne des forces en satisfaisant le goût et prédispose ainsi l'être à plus de grâce sur le visage et dans le caractère, car, du contentement journalier des besoins matériels, résulte l'épanouissement du corps et de la pensée; non, l'enfant pauvre n'aura point cette nourriture amélioratrice, il aura la pâtée grossière qui apaise la faim, mais ne réjouit point l'estomac, bien heureux, quand cette pâtée ne lui sera point insuffisamment rationnée ; il n'aura point la gaieté qui se forme naturellement dans le caractère quand l'être nouveau s'élève au milieu de personnes heureuses et fortunées et que tout ce qui est sous ses yeux est beau et agréable; non, il ne se formera point, chez l'enfant pauvre, cette gaieté, parce qu'il ne la verra pas chez ses pauvres parents assombris par la misère et exténués par le travail quotidien ; bien heureux quand il ne recevra pas trop de rebuffades de ce père et de cette mère, surchargés de soucis et qui n'ont pas la possibilité de montrer bon visage à l'enfant, parce que la vie est trop dure pour eux.

Tandis que l'enfant né chez le riche aura pour se developper tout ce qui est bon, tout ce qui est beau, tout ce qui peut le parfaire : culture du corps, par le bien-être incessant qui lui sera donné ; culture de l'intelligence, par l'instruction qui lui sera largement offerte et où il pourra puiser selon la force de ses facultés. L'enfant du pauvre, au contraire, sera incessamment entravé dans son double développement ; il devra travailler avant que son corps soit formé, car l'enfant du pauvre doit gagner sa vie à l'âge où l'enfant du riche commence à peine à étudier sérieusement, et quant à l'intelligence de cet enfant du pauvre, comment la lui développer ? Il n'y aura pour cela de disponible que la période enfantine, puisque, au delà, l'enfant est à l'atelier ; mais, dans la période enfantine, on n'instruit pas l'enfant, on lui enseigne à lire, à écrire, à compter ; c'est là le point de départ pour l'instruire ensuite ; mais quand à ce qui s'appelle la science, le raisonnement, l'étude de la civilisation, le cerveau de l'enfant ne peut pas plus comprendre ces grands problèmes que ses faibles bras ne pourraient soulever les énormes fardeaux. Donc, quand l'enfant quitte l'école, à douze ou treize ans, et il la quitte souvent plus tôt, il abandonne l'étude juste à l'âge où il allait devenir capable de recevoir la véritable instruction.

Car il faut bien se le dire : savoir lire, écrire et compter, et même savoir exactement l'orthographe, c'est tout uniment être muni de ce qu'il faut pour commencer à étudier.

En effet, quand on sait lire, on a tout simplement acquis la possibilité de comprendre ce que signifient les différents assemblages des lettres alphabétiques et de pouvoir dire, devant toutes ces petites lignes : « Ça veut dire ceci, ça veut dire cela », ce qu'on ne pourrait si on ne savait pas le secret de ces petites combinaisons.

C'est la même chose pour l'écriture : savoir écrire, c'est savoir former soi-même les petits assemblages qui font des mots ; l'orthographe est la manière de les former d'après une méthode adoptée uniformément. Quant à savoir compter, c'est d'abord connaître la valeur des chiffres et ensuite la manière de s'en servir pour faire des calculs qui aient la plus exacte précision.

Mais savoir, même parfaitement, les quatre règles fondamentales de l'arithmétique : l'addition, la soustraction, la multiplication, la division, ce n'est pas du tout connaître réellement le calcul, c'est tout simplement en être au point de départ, à l'apprentissage, et le plus petit problème géométrique suffirait à embrouiller l'écolier primaire qui sait le mieux compter.

Eh bien ! de même que quand on sait les bases du calcul, on n'est pas pour cela mathématicien, de même quand on sait lire, on n'est pas pour cela un savant; on a simplement le moyen d'acquérir de la science, d'acquérir des idées si on lit des livres de véritable science, des livres de véritable raison, parce que le livre démondre les choses à la place des savants qui ne sont pas là pour vous les expliquer; de plus, sans les livres, on ne saurait rien du passé, car les morts ne ressusciteraient pas pour nous dire comment étaient faites leurs lois, comment on vivait de leur temps; et si les livres ne nous avaient pas transmis les méthodes du travail, chaque procédé d'art ou d'industrie serait disparu en même temps que les artistes et les travailleurs qui s'en servaient auraient cessé d'exister, ou même par le manque de mémoire de ceux qui auraient modifié ces procédés.

Si l'on peut suivre d'étape en étape la transformation sociale, scientifique, artistique et industrielle depuis nos jours jusqu'au passé le plus reculé, c'est que, à partir de l'invention de l'écriture, la race humaine a eu le moyen de faire survivre ses idées, ses inventions, ses découvertes, comme si elle avait, parmi elle, un être qui n'ait jamais cessé d'exister et qui aurait accumulé, dans son cerveau, toute la science de la race pendant les siècles et les siècles qu'il aurait traversés.

C'est par l'écriture que l'idée est devenue immortelle et, la totalité des livres de science, d'études, de vérités, forme le cerveau colossal où les générations, toujours nouvelles, viennent demander l'enseignement aux générations du passé !

Cependant, qu'un trésor soit inaccessible, c'est comme si on ne l'avait pas; eh bien ! le trésor de science, de raison, de vérité, accumulé dans les livres éducateurs de la race humaine, ce trésor n'est pas à la portée de l'enfant du pauvre, car à l'âge auquel cet enfant quitte l'école, les livres de hautes études sont de l'hébreu pour lui; et, quand il a quitté l'école pour l'atelier et qu'à la fatigue de sa croissance, il ajoute l'effort du labeur qu'on exige de lui, si, dans de telles conditions, l'enfant persistait à continuer ses études, le surmenage serait alors désastreux pour son corps et pour son intelligence; lorsque le corps est fatigué, l'esprit est incapable d'attention; si on le force, il se brouille, ne comprend plus, en même temps le corps s'enfièvre et l'on devient malade, de tout l'entier de l'organisme, pour avoir voulu en trop activer une fraction.

Car, nos facultés ne se déboitent pas pour fonctionner,

chacune à part et sans se ressentir des autres; non, nos facultés sont soudées mutuellement et quand l'une est fatiguée, les autres se ressentent de l'accablement de celle-là. Par exemple : Que les pieds aient beaucoup marché, tout le corps en aura la lassitude, y compris le cerveau qui ne demandera qu'à ne pas penser; après la longue étape, ce que l'être réclame, c'est le repas et le repos; parlez-lui d'études à ce moment, il répondra : « Je suis trop accablé, attendez que je me sois repris. »

Or, si l'on est fatigué quand on a beaucoup marché, c'est-à-dire quand on a fait beaucoup mouvoir les jambes, on est non moins fatigué quand on a fait un travail où il faut beaucoup mouvoir les bras, d'autant plus qu'au bout des bras, il y a très souvent de lourds outils et de lourds matériaux à remuer et, après douze heures d'un pareil exercice, tout ce que pourrait faire l'apprenti, devant les livres d'études, ce serait de s'endormir dessus; c'est d'ailleurs ce qu'on pourrait lui souhaiter de plus avantageux pour son intelligence et pour sa santé, car, au moins, comme cela, s'il n'apprend rien, il ne se détériore pas le cerveau.

Quant aux travaux qui ne demandent pas l'effort des muscles, ils demandent l'effort cérébral; les travaux de précision nécessitent une attention incessante, et lorsque la tâche est finie, le corps n'est pas surmené par les mouvements violents qu'il n'a pas fait; au contraire, il a besoin de mouvement et de grand air pour se dégourdir les membres et se rafraîchir le cerveau; et si, après douze heures de travail sédentaire, l'apprenti y ajoutait de vouloir s'entasser dans la mémoire des leçons qu'il apprendrait dans la soirée, il serait bien vite forcé d'y renoncer, car la surrexcitation cérébrale l'empêcherait de dormir, et quand, par hasard, il s'assoupirait, ce serait pour rêver qu'il continue la leçon interrompue. Ou le renoncement à l'étude, ou la mort, telle est la solution qui s'impose aux pauvres travailleurs, même les plus jeunes, même les mieux doués, même les plus studieux.

Donc, que l'apprenti fasse un rude métier ou un métier relativement doux, il lui est absolument impossible de s'instruire par surcroît, parce que, dans notre société moderne, le travail n'est pas ce qu'il devrait être : un exercice salutaire. Non, dans notre société moderne, le travail est un épuisement, parce que la tâche est de trop longue durée.

Tant que cette tâche ne sera pas limitée par la loi, l'enfant du pauvre sera condamné à rester une machine à travail. Il a bien, comme les riches, un cerveau; mais on ne lui laisse pas la possibilité d'y mettre dedans au delà des choses usuelles et des connaissances techniques relatives à sa profession : « Tu sais ton métier, n'est-ce pas, cela suffit. »

Voilà ce que la morale courante dit à l'enfant du pauvre; mais cet enfant pourrait répondre : « Je sais mon métier, oui; ça fera que je pourrai rendre service à la société en travaillant bien, c'est-à-dire en ne gâchant pas les matériaux qu'elle me confiera; mais à moi, qui est-ce qui me rendra le service d'empêcher qu'on ne gâche mon cerveau, et on me le gâche quand on n'y sème que des idées usuelles et des notions concernant mon métier; mon cerveau peut produire plus que cela! Vous limitez mon intelligence à ce que je sache bien faire tel ou tel travail, mais je saurais tout aussi bien faire ces travaux, en ayant des idées qui s'étendraient bien au delà de ma besogne. Mes yeux voient beaucoup plus loin que les objets et les outils dont je me sers pour travailler, et cependant jamais il n'a été nécessaire de me raccourcir la vue, à ce qu'elle ne dépasse pas les choses concernant mon métier. »

« Eh bien, puisque ma vue à longue portée ne m'empêche pas du tout de regarder attentivement ma besogne pour la bien faire, mon intelligence, développée à longue portée, ne m'empêcherait nullement d'être attentif à mon travail et d'y concentrer mes facultés pendant le temps que j'y travaillerais; mais au moins, après, j'aurais la possibilité de penser vastement comme mes semblables cultivés, de même que lorsque je lève les yeux, je vois l'horizon aussi vastement qu'ils le voient. »

Voilà ce que pourrait dire l'enfant du pauvre, et que pourrait lui répondre la société pour se justifier? Rien; car, hélas! ce que la race humaine a le plus négligé, c'est la culture de la race humaine.

La société dira-t-elle que si l'enfant du pauvre n'est pas instruit réellement, il peut au moins développer son intelligence par des lectures instructives qui lui donneront d'excellentes notions en tous genres.

Non, l'enfant du pauvre ne peut pas faire ces lectures instructives, d'abord, parce que, pour lire de bons livres, il faut les acheter et cela est coûteux; ensuite, pour lire de bons livres, il faut les connaître, et l'enfant ignorant et sa famille ignorante ne sauraient faire un choix d'œuvres vraiment supérieures, même quand ils auraient les moyens d'en faire l'acquisition; enfin, pour que l'être jeune lise volontairement des livres instructifs et s'y intéresse, de manière à ce que sa mémoire en retienne quelque chose, il faut que le livre instructif soit attrayant et, jusqu'à présent, à de très rares exceptions, le livre d'étude, c'est l'ennui, l'ennui et l'ennui ; alors, le cerveau n'est pas plus stimulé à s'assimiler ces choses monotones et insipides que l'estomac n'est stimulé à s'assimiler des aliments sans saveur. Sans le sel, le meilleur rôti donne vite des nausées et le mangeur repousse bientôt ce plat réconfortant pour donner la préférence à une nourriture inférieure, mais épicée. Avec du sel, au contraire, le rôti acquiert toute sa succulence; le mangeur y mord à belles dents et sa santé s'en trouve bien, parce que le corps s'assimile infiniment mieux les aliments lorsque le goût a été satisfait en les mangeant : ce qu'on savoure bien se digère bien.

Or si, pour la fonction si douce de manger, les assaisonnements ne sont pas superflus, à plus forte raison, pour la fonction un peu dure de s'instruire, les assaisonnements agréables seraient de toute utilité, et, quand on aurait goûté à ce mélange d'utile et d'agréable, ce serait les livres non instructifs qui paraîtraient fades et seraient délaissés.

Mais, hélas! ces livres instructifs et agréables sont encore fort rares; ce ne sont pas ceux-là qui sont colportés de hameau en hameau ; ce qui est colporté, c'est le roman absurde où il n'y a que des coquins et des imbéciles, ou, lecture plus déplorable encore, c'est l'histoire des voleurs et des assassins, comme si les voleurs et les assassins étaient des types dont on doive conserver la mémoire et qu'il faille faire défiler devant l'humanité.

Très certainement, c'est le commerce, la spéculation qui lancent ces produits malsains, l'Etat ne les commandite pas, mais l'Etat ne lutte pas, non plus, contre ce semis d'exemples pervers, puisque l'Etat cesse de donner l'instruction à l'enfant du pauvre, alors que la conscience de cet enfant commence à se former; oui, au seuil de la période où l'être nouveau va pouvoir penser fortement, le guide cesse et l'être nouveau devra accomplir ce prodige de concevoir, à lui seul, toutes les vérités que les grands penseurs ont formulé une à une et de siècle en siècle! Comme ce prodige ne se peut pas, l'être qui n'a pas été pourvu des vérités accumulées les ignore, ne les cherche pas, et les chercherait-il il n'en trouverait qu'une parcelle incertaine, car c'est seulement en se soudant les unes aux autres que les vérités se prouvent mutuellement et irréfutablement ; mais, pour les souder, il faut les connaître, et si le cerveau individuel peut les apprendre toutes, le cerveau individuel est impuissant à les enfanter dans leur totalité.

Donc, l'être nouveau à qui on ne fait pas connaître les œuvres des grands penseurs, cet être nouveau ignore de quoi se compose la haute conscience humaine, et il se fait, lui-même, une conscience plus ou moins bornée selon le milieu plus ou mois borné dont il est environné.

Ce sont, uniquement, les ignorants et les demi-instruits qui lisent des livres nauséabonds et écœurants; les véritablement instruits, en eussent-ils la curiosité, s'y refuseraient par dignité ou, à la quatrième page, s'en détourneraient avec dépoût.

Les mauvaises lectures n'ont donc d'effet que sur les cerveaux peu cultivés, et c'est parce qu'il y a tant de cerveaux peu cultivés que les mauvaises lectures foisonnent; elles sont une source de revenus pour ceux qui lancent cette mauvaise marchandise, et la seule manière de faire disparaître ces œuvres sottes et pernicieuses, c'est de développer l'intelligence; les fabricants de basse littérature cesseront d'en fabriquer dès qu'ils n'en auront plus le placement.

On objectera que les gens riches sont généralement instruits et que, cependant, c'est parmi eux que se recrutent les lecteurs et surtout les lectrices des œuvres malsaines, écrites en style un peu moins grossier que celles qu'on sert aux illettrés, mais aussi basses pour le fond, assurément.

Oui, mais ces lecteurs et surtout ces lectrices sont des névrosés. Voici comment ils le deviennent : Dans le collège libéral, le jeune homme apprend bien ses classiques, mais sortant du collège, et lancé dans une société mondaine, il ne voit autour de lui que des sentiments factices, de sottes mièvreries, des vanités puériles; alors, s'il veut faire son chemin dans une pareille société, il devra oublier ses classiques; c'est ce qu'il fait. Désormais, son but sera de s'enrichir, de se gaver; l'homme a disparu, la bête l'a remplacé.

Dans le collège clérical, ultramontain, le jeune homme sera guidé d'emblée vers la névrose; il n'aura pas à la recevoir de la société, c'est lui qui l'y apportera; dans son collège dévotieux, il n'aura appris ni la vraie histoire, ni la vraie philosophie, ni la vraie civilisation; il aura appris des théories bâties selon le gré de ceux qui les ont faites et n'ayant pas plus de rapport avec la vérité que les dires des nécromanciens n'ont de rapport avec la science vraie. La science vraie démontre et prouve; l'enseignement clérical affirme et ne démontre rien; donc, névrosés, ultra-névrosés, ces jeunes hommes élevés par le clergé.

Quant à la jeune fille riche, soi-disant instruite, qu'a-t-elle appris? Elle a appris ce qui convient à une personne de sa condition, c'est-à-dire à savoir qu'elle est riche, qu'elle ne doit point se commettre avec les pauvres, que c'est elle qui doit dominer et eux s'incliner. Voilà le point culminant vers lequel on dirige la pensée de la jeune fille riche, dans les pensionnats spéciaux pour familles mondaines, et aussi dans les couvents où les pieuses nonnes ne dédaignent pas d'élever les riches héritières, selon les traditions qui en feront des femmes du monde accomplies. Quant à l'instruction proprement dite : une suffisante orthographe, quelques notions de dessin, voire même de peinture; une bonne habileté de musicienne, et enfin, l'essentiel pour ces pensionnats mondains : l'instruction religieuse! Ces demoiselles seront au courant des histoires célestes, mais elles ignoreront absolument les réalités de la vie; elles seront fort révérencieuses pour un Dieu qu'elles n'ont jamais vu et fort dédaigneuses du labeur du peuple, dont elles vivent quotidiennement. Celles-là sont surtout des névrosées, les pires des névrosées.

Sous prétexte d'idéalisme, elles agissent comme de vraies folles : sans cœur, sans raison, sans droiture; ce sont celles là, encore fort nombreuses, qui se jettent sur la littérature faisandée.

Donc, pour les femmes instruites ainsi, pas d'idéal réellement civilisateur, elles ne le comprendraient pas!

Pour les hommes élevés dans la foi religieuse et qui la gardent, pas d'idéal réel non plus; ils offrent, à l'humanité, le rêve mystificateur en place de la vivifiante réalité!

Pour l'homme instruit normalement : idéal réel d'abord, noble élévation d'idée, puis chute par l'exemple des autres et pour le profit de soi.

Restent les enfants du peuple, les non instruits, les écoliers et écolières des classes primaires; que deviendront-ils, quelle direction leur donne-t-on?

Dans les écoles cléricales, dans les écoles où l'on accroche un nommé Christ, soi-disant Dieu, les enfants apprendront à prier pour demander tout à ce Dieu, jusqu'au « pain quotidien »; et ce pain, qui l'aura fait? Est-ce un

Dieu? Non, ce pain, celui qui l'a fait c'est l'homme, c'est la race humaine dans sa généralité, dans son labeur différent qui a fait que : la terre a été cultivée, qu'elle a produit le grain, et que, par tous les travaux collaborateurs, ce grain a pu être charrié, transformé en pain et servi à toutes les créatures, qui l'attendaient pour le manger,

Voilà l'œuvre humaine, voilà par qui on mange; par le labeur des créatures et non par les dieux qui n'existent pas.

Et cependant, dans l'école cléricale, quand l'enfant aura mangé, c'est au nommé Dieu qu'il enverra des « actions de grâce», sur l'ordre du clergé. Alors, avec un tel enseignement, la raison est morte avant d'avoir poussé.

Etrange éducateur que ce clergé, étrange divinité que ce Christ soi-disant Dieu, fils de Dieu et uni à un troisième Dieu, qui, dans ces trois personnes n'a pas une conscience pour se dire : « Puisque je peux ce que je veux, je veux que les êtres soient heureux, autrement, pourquoi les aurais-je créés, et je ne peux jamais les punir, car, s'ils sont méchants, cruels, indignes, c'est ma faute, c'est ma faute, c'est ma très grande faute. à moi le créateur, puisque je n'avais qu'à ne pas créer les êtres, ou, les ayant créés, je devais les rectifier et non les punir des défauts que je leur avait laissés. »

Voilà ce que ce serait dit un Dieu véritable, mais, comme il n'y a pas de Dieu, ceux qui sont censés redire les paroles de n'importe quel Dieu, lui font dire tout ce qu'ils veulent sans en craindre un démenti, comme dans les fêtes foraines, ceux qui font parler les marionnettes n'ont jamais à en redouter la moindre protestation ; les marionnettes sont en carton, les dieux aussi; les marionnettes ont été inventées pour amuser les enfants; les dieux ont été inventés pour duper le peuple et l'empêcher de s'indigner d'être dépourvu de tout, quand tout est là sur la terre pour l'universelle prospérité. Et le croyant consent à être mal logé, quand l'art de la construction existe et quand d'inépuisables matériaux sont là pour être transformés en habitations! Et le croyant consent à être mal vêtu, quand l'art du tissage existe et quand d'innombrables matières textiles sont là pour être tissées et transformées en superbes vêtements! Et le croyant consent à être mal nourri, quand l'art de la culture existe et que la terre n'attend que le travail et l'engrais pour fournir l'alimentation la plus abondante, la plus variée, la plus succulente à tous les êtres vivants!

On dit que l'enfant tète son pouce, quand le lait est

absent, l'humanité a été dressée à téter un Dieu vide, malgré que la mère nature est là qui lui crie, par sa fécondité éternelle : « J'ai de quoi te gorger, ne pâtis plus, laisse ton Dieu qui n'est qu'un hochet illusoire, viens à moi, puise en moi, je suis la réalité, je suis la vie ! »

Et la race y serait accourue depuis longtemps, à cette réalité si des détraqués ne s'étaient mis en travers, criant aux ignorants : « Ne regardez pas les richesses de la terre, mais ayez confiance en Dieu. »

Seulement, comme, même ignorant, on ne croirait pas à ce Dieu si on n'en entendait parler qu'à l'âge d'homme, c'est à l'enfance que le clergé s'adresse, c'est dans les cerveaux en formation qu'il donne le coup de pouce de l'imbécilité; alors, sortant des mains cléricales, les jeunes générations sont perdues pour le progrès; elles rient des efforts de la raison qui voudrait éclairer le monde, comme les fous rient du travail sublime qu'ils ne comprennent plus !

Et c'est ainsi que la race pâtit sur la terre en place d'y avoir l'existence splendide qu'elle pourrait organiser; elle est la victime de l'enseignement clérical qui a semé des idées fausses et qui a soigneusement arraché les vérités.

Si, dans la terre, on sème les bonnes plantes, on a alors de quoi se nourrir et même de quoi se vêtir, car les bonnes plantes nous fournissent : le pain, le vin, les légumes, les fruits, l'alimentation de nos bestiaux, et elles nous fournissent aussi les nappes, les serviettes, les torchons et tout le linge que nous empilons dans nos armoires, car tout ce linge est fait avec de certaines plantes dont les écorces ou le duvet ont pu être tissés.

Mais si ces bonnes plantes étaient partout arrachées et remplacées par des mauvaises, la terre aurait beau être aussi grande et le soleil aussi beau, nous deviendrions décharnés et dégénérés, parce qu'en place de récolter les plantes excellentes qui nous auraient fortement nourris, nous n'aurions plus que des végétations malsaines qui nous empoisonneraient, nous et nos bestiaux: et nous n'aurions même plus la possibilité d'être propres, car, du moment que tout ce qui sert à faire le linge serait arraché, nous n'aurions plus que nos dix doigts comme torchons et notre peau serait notre unique chemise.

Voilà ce qui se produirait si les bonnes plantes étaient arrachées et remplacées par des mauvaises; mais, personne ne laisserait faire cela, parce que, tout le monde comprendrait que, si on arrachait ce qui fait vivre, il n'y aurait plus qu'à mourir, et alors : hommes, femmes, enfants, tous et toutes prendraient des gaules et courraient écraser les arracheurs de bonne récolte comme on court écraser les chenilles, les sauterelles et les hannetons qui menacent les bourgeons ; même, le riche serait tout à fait d'accord, en cela, avec le pauvre, parce que le riche se dirait que, dès qu'il n'y aurait rien de bon à acheter, son argent ne lui servirait à rien ; aussi, il serait le premier à taper, de toutes ses forces, sur ceux qui voudraient détruire les bonnes productions.

Il est donc incontestable que si la race humaine a du pain, du vin, des légumes, des fruits et de la viande, c'est parce qu'elle a la prudence de semer et cultiver les plantes nourricières, pour elle et ses bestiaux ; mais ce n'est pas la nature qui y pourvoit d'elle-même, car la terre reçoit toutes les semailles, les bonnes comme les mauvaises et elle fait aussi bien pousser le poison que le bon blé.

Eh bien ! si c'est dans la terre qu'on cultive les choses qui nourrissent le corps, c'est dans les cerveaux qu'on cultive les idées qui feront la civilisation, et il y a longtemps que le bien-être, la justice et la paix seraient fondés, pour le bonheur de la race humaine, si on avait semé dans les cerveaux des idées justes, exactes, démontrables, en place d'y semer des folies, des mensonges, des absurdités.

Comprenons bien que notre conscience est le résultat des idées que l'on forme en nous ou qui se forment d'elles-mêmes d'après les choses et manières d'être que nous voyons et que nous subissons ; mais il n'y a pas d'âme, c'est-à-dire il n'y a pas de fluide impalpable qui pense en nous sans la collaboration de notre corps. Dans la période de l'enfance, notre pensée se forme en même temps que notre corps se forme ; quand notre corps a atteint tout son développement, notre pensée a atteint toute sa force, et quand notre corps décline, notre pensée décline aussi quelquefois jusqu'au radotage, qui est l'équivalent de l'état d'enfance : incapacité de penser pour la vieillesse au cerveau usé, comme, incapacité de penser pour l'être trop jeune au cerveau non formé. Et la preuve qu'il n'y a pas d'âme, c'est qu'une simple piqûre dans la matière cérébrale suffirait à anéantir l'intelligence la mieux organisée.

Le génie de la race humaine dépend donc de la culture que les jeunes générations reçoivent ; et, de même que l'arbre naissant peut être dévié et tordu, au début, soit par la poussée d'autres arbres qui pèseront sur lui, soit par la volonté du jardinier, de même, le cerveau appelé à devenir droit et robuste, ce cerveau peut être déprimé, dès le jeune âge, par des impressions basses et stupides que des êtres bas et stupides y feront naître, volontairement ou involontairement.

Or, si dans l'école cléricale, l'enfant perd la rectitude du jugement, dans l'école laïque, dans l'école sans Dieu, l'enfant reçoit-il des notions exactes qui le conduiront à la vraie civilisation ; lui fait-on entrevoir les lois de la terre et de la race humaine ; lui dit-on : Rien n'a été créé, tout se forme perpétuellement par les seules forces de la nature et la race humaine peut ce qu'elle veut ; quand elle voudra le bien, le bien sera fondé. Lui dit-on cela, à l'enfant ; lui fait-on comprendre que le devoir est de se ranger toujours du côté des exploités contre les exploiteurs, car l'exploiteur, ce n'est pas seulement celui qui exploite, c'est aussi tous ceux qui laissent exploiter.

Par exemple, le professeur dit-il à l'écolier : « Mon ami, si des garnements t'empêchent de jouer, tu ne pourras jouer contre leur gré ; tu seras empêché dans tout ce que tu essaieras, et si tu te fâches et veux battre les tourmenteurs, c'est toi qui seras empoigné et battu par eux ; ils sont le nombre, tu n'es qu'une unité, ce sont eux qui seront les maîtres par leur union, à moins que d'autres écoliers ne viennent s'opposer à ce que les garnements continuent à te tourmenter. Mais si les écoliers ne s'inquiètent pas d'imposer la justice, s'ils ne s'occupent qu'à jouer, ils te laisseront battre et, peut-être, se moqueront de toi et de tes réclamations. »

« Tu te dis que moi, le professeur, je serai là pour te garantir ? Oui, mais quand tu seras sorti de l'école, quand tu seras à l'atelier, au magasin, au chantier du travail, si on te fait des injustices, à qui te plaindras-tu ? — A mon patron. — Et si c'est ton patron qui te fait des injustices, à qui te plaindras-tu ? — Au juge, au magistrat, à la loi. — Et si les juges, les magistrats, la loi donnent raison à ton patron, à qui te plaindras-tu ? — Je ne sais pas ! — Alors, tu te passeras de justice ? — Il le faudra bien ! — Non, mon enfant, il ne le faudra pas, si tu sais comprendre qu'il y a une autorité plus puissante que les juges, les magistrats, la loi, c'est la volonté du grand nombre ; à toi seul, tu ne peux pas plus imposer la justice qu'un soldat, à lui tout seul, ne peut gagner la bataille, et si, sous prétexte que tu n'es qu'un, tu n'appuies pas les camarades opprimés, les autres, à ton exemple, resteront indifférents et quelques homm [illegible] er [illegible] vo[illegible] [illegible]ir [illegible] parce que vous serez restés isolés. Si, au contrair[illegible], tu appuies les justes réclamations des camarades et si beaucoup s'en mêlent, justice sera faite; or, cette justice que tu auras aidé à faire pour d'autres, ils aideront à la faire pour toi le jour où tu en auras besoin.

« Souviens-toi, mon enfant, que l'armée la plus puissante n'est faite que de soldats alignés, c'est-à-dire d'hommes ajoutés un à un et groupés en un même but; mais si chaque soldat n'avait que ses seules forces pour le défendre, si tous ne se garantissaient pas mutuellement, chaque soldat serait fait prisonnier par la plus petite troupe ennemie, et l'armée se composât-elle de millions et de millions d'hommes, ce serait simplement des millions et des millions de prisonniers que la troupe ennemie recueillerait, il lui faudrait davantage de temps et de liens pour les ligoter, voilà tout.

« Tel est, mon enfant, le résultat du manque de solidarité, et toute la race humaine pourrait être enchaînée, par quatre hommes et un caporal, si chaque créature humaine était abandonnée par les autres humains. »

« Tandis que, par l'union, le reliement en une même volonté, chaque individu groupé acquiert la force du groupement des volontés pareilles à la sienne; c'est pourquoi, lorsque le peuple des travailleurs se réunira pour dire : « Je fonde un nouvel ordre social, le nouvel ordre social sera fondé ! »

Dit-on cela à l'enfant, dans les écoles laïques, lui fait-on comprendre la toute-puissance de l'union et, par conséquent, la toute-puissance des exploités, puisque les exploités sont les plus nombreux?

S'il y a des instituteurs et des institutrices qui font cette démonstration civilisatrice, ils doivent la faire bien bas. Dans l'école même laïque, on apprend à l'enfant des devoirs conventionnels envers la société telle qu'elle est, on ne le prépare pas, du moins officiellement, pour une nouvelle société; et l'organisation sociale se continue toujours aussi imparfaite, parce que les êtres nouveaux ne sont pas choqués des antiques injustices qu'on leur a appris à respecter.

CONCLUSIONS

Le Peuple et la Femme

ORGANISATION SOCIALE DE DEMAIN

Le Peuple. — Femme, tu critiques l'organisation sociale, tu y es de moitié, cependant; à quelques unités près, les êtres féminins sont aussi nombreux que les êtres masculins.

La Femme. — Je n'ai pas pu changer l'organisation sociale, car je n'ai pas eu le droit de voter les lois.

Le Peuple. — Femme, si tu votais, que voterais-tu?

La Femme. — Je voterais que mes enfants, quels qu'ils soient, recevront la même instruction que je vois donner à d'autres enfants. Si les mères riches pensent que la grande instruction développera l'intelligence de leurs fils et de leurs filles, moi, mère pareillement, quoique pauvre, je veux que mes fils et mes filles soient développés, à la hauteur où d'autres sont développés. Comme cela, ils seront à égalité pour débattre leurs intérêts dans la Société.

Le Peuple. — Femme, où prendras-tu les ressources pour faire vivre les légions d'instituteurs, qu'il faudrait, pour enseigner supérieurement les enfants.

La Femme. — Je prendrais les ressources, là où elles sont accumulées et gâchées. Les riches ont des légions de laquais, je voterais que l'argent gâché à l'entretien de ces laquais, cet argent sera repris et employé à rétribuer les professeurs qui instruiront nos enfants.

Le Peuple. — Femme quand tu seras pauvre, tu ne pourras payer la nourriture et l'entretien de tes enfants pendant la longue durée qu'on les instruira. Les ressources qu'il faudra pour cela, où les prendras-tu?

La Femme. — Chez les riches, toujours les riches tant qu'il y aura des riches, ou plutôt tant que, pour d'autres, il y aura la pauvreté! Puisque les riches ont accumulé les sources de l'existence et qu'ils ne s'en sont pas servis pour perfectionner la race humaine, la civilisation est obligée de reprendre aux riches les richesses qu'ils ont gaspillées pour leur agrément particulier.

LE PEUPLE. — Femme, le riche prétend que son bien est à lui et qu'il peut en disposer comme il veut.

LA FEMME. — Pour que son bien fût à lui, il faudrait qu'il l'eût créé à lui tout seul ou qu'il l'eût apporté d'un autre monde et que, montrant ses terres, ses domaines, ses forêts, il pût dire aux autres créatures : « Sans moi, vous n'auriez pas tout cela ! » Mais il ne le peut, car tout ce qui sert à vivre et produire : terre, végétaux, minéraux, tout est là sur le globe terrestre, et l'être, quel qu'il soit, n'y apporte que ses besoins !

LE PEUPLE. — Femme, le riche dit qu'il a des droits acquis parce qu'il a fait travailler.

LA FEMME. — Et avec quoi a-t-il fait travailler ? Avec les matériaux et l'outillage qu'il a achetés ! Mais avec quoi les a-t-il achetés ? Avec les bénéfices que notre travail lui a rapportés, à lui, ou à ses ancêtres dont il a hérité !

LE PEUPLE. — Femme, le riche dit que c'est à lui et à ceux de sa caste que l'on doit les inventions qui ont permis de créer les merveilles de l'industrie.

LA FEMME. — Non. Les inventions ne sont pas des œuvres personnelles ; l'un trouve ceci, l'autre, trouve cela, et les simples travailleurs manuels y sont aussi experts que les savants théoriciens ; et c'est à force de modifications successives, que, la combinaison, d'abord grossière, au début, finit par donner le résultat le plus admirable et souvent le plus inattendu ; mais, c'est toujours à d'innombrables collaborateurs, présents et passés, que chaque invention doit sa complète éclosion.

Le seul point sombre qui soit personnel aux riches, c'est qu'ayant les inventions, ils n'ont pas dit à la race humaine : « Désormais, tu travailleras moins et tu auras plus de profit, réjouis-toi ! » Non, au contraire, ils ont dit aux travailleurs : « Désormais la machine peut vous remplacer, sortez de nos ateliers, mourez si vous ne trouvez rien pour vivre, cela ne nous regarde pas ! »

LE PEUPLE. — Femme, les riches disent qu'ils ont dû agir ainsi, parce que, si quelques-uns, parmi eux, avaient voulu améliorer le sort des travailleurs, d'autres riches, et très nombreux, se seraient ligués pour faire crouler cette réforme civilisatrice et, tout ce qui en serait résulté, c'est que les bons riches se seraient ruinés et que les travailleurs seraient retombés dans la pire des misères, car, forcés d'aller travailler chez les mauvais riches, ceux-là auraient fait payer cher, aux travailleurs, la prétention que ces travailleurs auraient eu d'avoir le même bien-être que la bourgeoisie. « Ah ! tu espérais travailler peu et que rien ne te manquât, eh bien ! ici, ce n'est pas la même chose : travaille beaucoup, pâtis beaucoup, tu es fait pour çà. » Voilà le système maintenu par la majorité des possédants ; c'est pourquoi, femme, les bons riches n'ont pas pu fonder la civilisation supérieure qu'ils comprenaient, les mauvais riches les en ont empêchés.

La Femme. — C'est précisément parce que les initiatives civilisatrices sont brisées par la toute-puissance des capitalistes conservateurs que je voterais le retour des grandes fortunes à la collectivité, afin que le travail puisse être organisé au profit de tous et non de quelques-uns.

Le Peuple. — Femme, le riche dit que voter l'éparpillement des richesses, c'est détruire la civilisation.

La Femme. — Au contraire. Avec le système de riches et de petits salariés, on ne fait pas des produits pour les besoins de la race humaine, on fait des produits pour ceux qui peuvent acheter et comme les petits salariés ne peuvent acheter au delà du stricte indispensable, tous les beaux travaux manquent de commandes, manquent de débouchés, non pas parce que chaque famille est pourvue splendidement de tout ce qui sert à l'existence, mais parce que les dépourvus n'ont pas d'argent pour acheter ; et il ne servirait à rien, entre pauvres, de se cotiser pour ouvrir de nouvelles usines, de nouvelles fabriques, puisque, le peuple n'étant pas plus riche, les nouveaux produits resteraient en magasin.

C'est donc pour pouvoir utiliser toutes les ressources de la terre au profit de la race humaine, que je voterais le retour à la collectivité de toutes les grosses fortunes créées par le travail de la collectivité.

Le Peuple. — Femme, le riche dit que, si les grosses fortunes étaient éparpillées, elle se reconstitueraient bien vite. Que voterais-tu pour empêcher cette reconstitution ?

La Femme. — Je voterais que la terre et les immeubles revenus à l'Etat ne seraient jamais revendus aux particuliers. Qui a la terre a tout, puisque la terre contient les moyens de produire, les moyens de consommer, les moyens d'échanger ; donc, avec la terre, on n'a pas besoin d'argent, tandis qu'avec des millions on peut n'avoir r[illegible]n si ceux qui ont la terre refusent d'échanger leurs produits contre cet or et cet argent inutiles, ou s'ils taxent leurs produits à des prix si élevés qu'il faudrait débourser des millions rien que pour se procurer de quoi manger grossièrement, être grossièrement vêtu et grossièrement logé. Je voterais donc que les biens collectifs seraient inaliénables afin d'assurer la prospérité et l'indépendance de la collectivité. Ensuite je voterais l'organisation des services publics, du logement, de l'alimentation et du vêtement.

Le Peuple. — Comment, femme, tu voudrais qu'on se logeât, qu'on se nourrit, qu'on se vêtit comme il plairait à la loi !

La Femme. — Non, mais je voterais la loi qui garantirait, à chaque individu, masculin ou féminin le moyen d'être bien logé, bien nourri, bien vêtu.

Le Peuple. — Femme, les travailleurs n'auront pas tous la raison d'employer leur salaire à se bien loger, à se bien nourrir, à se bien vêtir; beaucoup gaspilleront ce qu'ils auront gagné et seront tout aussi malheureux que présentement. Que voterais-tu pour empêcher cela?

La Femme. — Je voterais que la loi retiendrait sur le salaire des travailleurs une indemnité de logement; et, l'Etat étant propriétaire des grands domaines qui lui seraient revenus, l'Etat organiserait des habitations où il y aurait, au moins : chambre pour le père et la mère, chambre pour les filles, chambre pour les garçons, salle à manger, cuisine et local pour le travail quand le travailleur ou la travailleuse exercerait sa profession chez soi; et, cette habitation, non pas faite en petits compartiments, mais, au contraire, ayant l'espace qu'il faut à l'hygiène et à l'agrément; les travailleurs seraient donc forcément bien logés; pour la nourriture et les vêtements, ils ne pourraient s'en passer et par conséquent n'oublieraient pas d'y pourvoir.

Toujours, au moyen des terres revenues à l'Etat, la culture et la production des denrées alimentaires seraient faites par des travailleurs de l'Etat; les produits seraient livrés au prix de revient et ce prix ne pourrait jamais être majoré pour le profit des propriétaires et des commerçants, puisque les produits et denrées créés sur les domaines de l'Etat, par des travailleurs de l'Etat et emmagasinés dans les bâtiments de l'Etat, ces produits seraient livrés directement à la consommation et ne selent taxés que de la minime plus-value, qu'il faudrait, pour assurer la retraite aux travailleurs qui, ayant collaboré à faire fructifier le sol de la collectivité, auraient droit forcément à une retraite fournie par la collectivité.

Pour la production du linge et des étoffes, ce serait le même système; les matières textiles fournies par les plantes poussées sur les domaines de l'Etat et les toisons des bestiaux nourris sur les pâturages de l'Etat, ces matières textiles seraient tissées dans des manufactures nationales et vendues toujours au prix de revient, avec la seule plus-value pour la retraite des travailleurs ayant collaboré à cette fabrication; donc, jamais de hausse possible sur ces marchandises, pas plus que, dans le service de postes, la lettre à trois sous ne peut être taxée à quatre ou cinq sous pour le caprice d'un employé.

LE PEUPLE. — Femme, avec ce système, les petits propriétaires, les petits industriels ne pourraient lutter contre la concurrence de l'Etat et ils ne trouveraient même pas facilement de personnel pour leur travaux, à cause que chacun préférerait infiniment le travail national, puisque ce travail serait sans chômage et qu'on y aurait la retraite assurée.

LA FEMME. — Très certainement. Mais cela disposerait les petits propriétaires et les petits industriels à se ranger du côté de la nouvelle organisation. Que veulent ces petits possesseurs qui entreprennent et qui font fructifier leurs terres et leurs capitaux? Ils veulent se procurer une existence large, à eux, à leurs enfants, et s'assurer les moyens de vivre à l'aise dans leurs vieux jours. Puisque la nouvelle organisation donnerait tout cela aux travailleurs, il est évident qu'on s'y rangerait bien vite, quand on verrait qu'il faut s'y ranger ou crouler; on ne boude pas longtemps contre son propre intérêt.

LE PEUPLE. — Femme, pour que la nouvelle organisation sociale donnât à chacun le droit au bien-être et le droit à la retraite, il faudrait que chacun y eut le droit au travail. Comment l'organiserais-tu?

LA FEMME. — Je voterais l'établissement de manufactures nationales pour la construction des outillages mécaniques les plus perfectionnés, afin que ces outillages fussent employés partout, dans tous les genres de travaux et que, par ce moyen, les travailleurs eussent moins de fatigue et moins d'heures de corvées.

Je voterais aussi l'établissement de manufactures nationales pour toutes les industries qui produisent les choses servant au bien-être, à l'agrément, au luxe, aux arts, aux sciences; toutes ces industries seraient perfectionnées et développées jusqu'à ce que chacun fût pourvu des belles choses qui font l'agrément de la vie. Quand ces productions seraient amoncelées, à n'en savoir que faire, les heures de travail seraient diminuées et le surplus des travailleurs de ces industries de luxe serait reporté sur les industries des choses qui s'usent journellement et qui nécessitent que des travailleurs soient toujours occupés à les recommencer.

Ainsi, par exemple: pour les travaux des mines et les travaux agricoles, il faut le travail continu; la terre, sans les soins assidus, ne produirait rien, la mine non plus; combien encore d'autres travaux exigent de ne pas être interrompus: les charrois, les transports et tous les services d'utilité journalière, pour lesquels, il faut une action presque incessante!

Eh bien, pour tous ces travaux qui nécessitent un personnel incessamment présent, il y aurait autant d'équipes, successives, qu'il le faudrait, pour que les travailleurs de ces métiers absorbants ne fussent pas plus surchargés de besogne que les travailleurs des autres métiers.

Voilà comment j'assurerais le droit au travail et la diminution des heures de travail.

LE PEUPLE. — Femme, il y a aussi la question de salaires; que voterais-tu à ce sujet ?

LA FEMME. — Je voterais que le salaire serait le même pour tous les travaux, toutes les fonctions; c'est la durée du travail qui serait réduite, selon le degré de fatigue, de difficultés ou de dangers de la profession.

LE PEUPLE. — Femme, les êtres seront-ils donc obligés, de par la loi, de n'avoir rien de plus les uns que les autres ?

LA FEMME. — Ils pourront avoir tout ce que leur initiative produira dans leur temps de repos et ils échangeront cela volontairement avec d'autres qui auront également utilisés leurs loisirs à des productions quelconques; mais ce sera uniquement des choses d'art, de luxe, de superflu qui pourront se créer et s'échanger, puisque : en ameublement, en vêtements, en outillage, en nourriture, en habitation, tout le confortable possible sera assuré à l'individu par son travail pour l'Etat et que l'Etat sera toujours obligé d'assurer le travail à chaque individu; et on peut toujours assurer le travail à tous les êtres, par le ple fait de diminuer la corvée à ceux en fonction, afin que les nouveaux admis puissent être employés, et ainsi la même quantité de travail est faite, mais comme c'est un plus grand nombre de travailleurs qui l'a faite, chacun a eu moins à travailler. Voilà le résultat du droit au travail et de l'obligation pour chacun de travailler; ce résultat, c'est la réduction de la corvée de chacun.

Le Peuple. — Femme si tu votais l'égalité de salaire, songe qu'avec ce système un médecin ne serait pas plus rétribué qu'un cordonnier.

La Femme. — Cela doit être. Le cordonnier a appris très vite à faire des souliers, et ainsi il a été rapidement utile à la Société. Au contraire, le médecin a mis de longues années à apprendre son art, et, pour le lui enseigner, il a fallu des professeurs experts qui, eux-mêmes, avaient, presque toute leur vie, étudié; le médecin a donc une dette spéciale envers la société; il doit utiliser sa science au profit de cette société; c'est pour cela qu'elle l'a spécialement enseigné.

Il y aura, d'ailleurs, pour les médecins, même système que pour tous les services où il doit y avoir une permanence. Ce ne sera pas le même médecin qui sera consigné jour et nuit, pour le service des malades, ce sera autant de médecins, qu'il le faudra, qui se succèderont, à tour de rôle, et remplaceront ceux dont le délai de service sera terminé.

Ce qui s'applique aux médecins s'appliquera de même aux chirurgiens, aux chimistes, aux ingénieurs, à toutes les sciences dont la race humaine a besoin et qu'elle greffe dans les sujets dont les aptitudes lui semblent propices à faire fructifier cette science qui leur est confiée.

Le Peuple. — Femme, crois-tu que cette situation égalitaire plaira aux savants?

La Femme. — En quoi cette égalité pourrait-elle déplaire aux savants? Ce n'est pas la situation des savants qui sera baissée vers le peuple, c'est le peuple dont la situation sera haussée au niveau de ceux qu'on appelait les privilégiés; et le savant ne pourra pas plus être choqué de voir, en toutes les demeures, le confortable qu'il aura dans la sienne, qu'il n'est choqué de voir les autres travailleurs être bâtis pareillement à lui!

Le Peuple. — Femme, il y a aussi les artistes; seront-ils exempts de tout autre travail?

La Femme. — Oui, s'ils sont vraiment artistes; mais

comme le disait un esprit judicieux : « Être artis , n'est pas s'occuper d'art, c'est d'y exceller. » Seraie donc exempts de tout autre travail ceux-là, seulement, qui seraient doués de facultés artistiques réellement prononcées; quant à ceux éliminés, ils auraient toujours la ressource de créer leur œuvre dans leurs heures de loisir et le public serait toujours là pour juger.

LE PEUPLE. — Femme, n'y a t-il pas lieu de croire qu'avec l'abondance dans laquelle il vivra, l'artiste ne perde l'élan que lui donnait sa pauvreté et qu'il soit moins artiste, n'ayant plus à conquérir les richesses enviées?

LA FEMME. — Non, ce que le véritable artiste veut, c'est produire son œuvre; pas même la gloire pour une modification de son idéal, il ne la voudrait! Toutes ses forces, il les met à atteindre le sommet élevé d'où l'œuvre rayonnera; si la foule le suit et l'acclame, tant mieux; si elle ne le suit pas, il y montera quand même, la foule y viendra après, l'artiste le sait; il a foi en son œuvre, c'est pourquoi il la veut complète; s'il meurt avant d'être compris, n'importe, il l'admet; mais n'admettrait jamais que, même pour voir son propre succès, son œuvre fût rapetissée.

Voilà l'artiste, le vrai; mais pour que son œuvre soit, il faut qu'il puisse la créer, et pour cela, il lui faut du temps et des ressources; s'il n'en a pas, l'œuvre reste en lui comme reste dans sa gaîne, l'arbre géant contenu dans la graine mais qui n'a eu ni terre, ni air, ni soleil pour germer et fructifier.

L'artiste ne disparaîtra donc pas dans la société nouvelle, au contraire, il apparaîtra fréquemment, comme la plante rare surgit tout à coup là où elle ne poussait pas, mais où elle a trouvé à vivre parce que le sol a été amélioré.

LE PEUPLE. — Femme, dans la nouvelle société, serat-on libre de ne pas travailler?

LA FEMME. — On sera libre de ne pas travailler, comme on est libre de se suicider. Pour ne pas travailler, il faudrait renoncer à tout ce qui est l'œuvre du travail des autres et pas même circuler sur les routes, ni se coucher sous les ponts, car routes et ponts sont le résultat du travail social. Et pourquoi refuser le travail, dans une société où l'on aurait moins de peine à conquérir le confortable bourgeois, qu'à courir à la recherche des escargots le long des haies. Puisque le pain ne vient pas tout cuit dans la bouche, puisque, même pour ramasser des croûtes, il faut aller les chercher, jamais quelqu'un de bon sens ne pourra être choqué d'être obligé de faire une légère portion de travail, lorsque, en échange de ce travail, on doit recevoir une portion de tous les produits créés par l'ensemble de la société.

LE PEUPLE. — Femme, si l'on travaille quotidiennement, si peu que ce soit, on aura beau avoir un jour de repos par semaine et même un mois de vacances par an, comment feront les explorateurs et tous ceux qui, par goût, par désir d'observation et de recherches, voudraient connaître le globe sur lequel ils sont nés; et ils sont nombreux ceux-là et le seront de plus en plus.

LA FEMME. — Les explorateurs sont des pionniers de l'Etat; il y en aura donc autant qu'il le faudra. Que l'être vive là ou là, il consomme la même chose, et, du moment que la terre suffit à faire vivre la race, et que le travail des premiers métiers indispensables ne nécessite, tout au plus, que l'emploi d'un tiers de la population, les deux autres tiers sont là, disponibles, pour être utilisés au mieux de la civilisation. Les travailleurs sédentaires ne s'activent pas seulement pour grossir le tas de blé, pour empiler les cuirs, les étoffes dans les magasins, les charbons, les fers et les charpentes dans les chantiers; ils s'activent à produire tout ce qu'il faut dans la vie, afin que d'autres travailleurs, débarrassés de cette corvée fondamentale, puissent accomplir les travaux les plus ingénieux, les plus étonnants, les plus variés; et les explorateurs sont précisément dans cette série des travaux rendus possibles par les premiers métiers préparatoires qui ont outillé, équipé et approvisionné les hardis chercheurs. C'est alors que ceux-ci s'en vont en pays lointains ou même inconnus pour en rapporter des richesses nouvelles, une science nouvelle et une connaissance plus complète du globe terrestre où nous vivons.

Voilà le rôle des explorateurs; la société nouvelle en décuplera donc le nombre; quant aux autres travailleurs, qui auraient le goût des longs voyages, pour leur agrément personnel, rien ne s'opposera à ce que si, par exemple, leur journée de travail est de six heures, ils ne la fassent de neuf heures pendant six mois; cela leur ferait trois mois de disponibles qui, joints au mois de vacances, formerait un total de quatre mois; si cette durée ne leur semble pas suffisante, ils peuvent ainsi travailler davantage toute une année, afin d'avoir la presque totalité de l'autre à leur libre disposition. D'ailleurs, la journée de six heures ne serait pas longue à être réduite à quatre, avec le développement des machines qui existent et la création des machines nouvelles, qui pulluleraient lorsque tous les êtres seraient forcés au travail, car, alors, tous seraient immédiatement d'accord que, puisqu'on peut créer des travailleurs de fer qui produisent et ne consomment pas, il faut en créer jusqu'à ce que la race humaine n'ait, pour ainsi dire, plus qu'à commander. Voilà l'avenir ; aussi je voterais tout ce qui peut le préparer.

Le Peuple. — Femme, que voterais-tu pour la femme?

La Femme. — Je ne voterais rien de spécial pour la femme. Tout ce qu'il faut à l'homme, il le faut à la femme et ils y ont le même droit, car ils sont chacun, individuellement, aussi incomplets l'un que l'autre, et c'est précisément parce qu'ils sont incomplets l'un sans l'autre, qu'irrésistiblement attirés l'un vers l'autre, l'affection, la sociabilité, l'art, le désir de plaire ont éclos dans les cerveaux et ont fait naître la civilisation. Il n'y a point inégalité entre les sexes : il y a diversité. Je voterais donc, pour la femme, le même bien-être, la même indépendance, la même instruction et les mêmes droits que pour l'homme.

Le Peuple. — Et pour le travail de la femme, comment l'organiseras-tu? N'y aura-t-il plus de famille? La femme sera-t-elle obligée d'aller quotidiennement accomplir, au dehors, un travail ou une fonction réglementaire?

La Femme.—La ménagère, c'est-à-dire la compagne de l'homme, n'aura à s'occuper qu'à assurer la bonne tenue de l'habitation, du linge et des vêtements. Il ne suffit pas que l'organisation sociale garantisse à chaque créature le moyen d'avoir une vaste habitation, de beaux meubles, du beau linge, de belles étoffes et toutes les choses composant le confortable, il faut que cette habitation soit maintenue en bon état de propreté et que le linge et les effets y soient soigneusement entretenus. Une maison richement meublée et malpropre est infiniment moins agréable qu'un logis pauvret où tout est net, clair et luisant; et l'on est infiniment moins bien vêtu avec des tissus riches, mais salis et déchirés, qu'avec des vêtements grossiers irréprochablement soignés. C'est pourquoi la ménagère serait exempte de tout autre travail, et, sa fonction demandant beaucoup d'activité, elle serait parmi les plus honorées.

Pour les femmes exerçant les fonctions d'institutrices, de doctoresses en médecine, de professeurs dans toutes les branches du travail industriel, artistique, scientifique, ces femmes seraient allégées du fardeau des occupations ménagères ; la même chose pour les femmes exerçant la fonction de garde-malade. Instruisant les autres, guérissant les autres, soignant les autres, ces femmes seraient des fonctionnaires de toute utilité, et les autres femmes seraient obligées de tenir en bon ordre et propreté la demeure où ces fonctionnaires habiteraient ; et ce service serait fait, non par complaisance volontaire, agissant à son heure, comme il lui plaît, ni comme servante, mais par une organisation réglementée militairement, si l'on peut dire ainsi en parlant d'une société où l'indépendance serait assurée à chacun. Mais c'est précisément pour que l'indépendance puisse être assurée, qu'il faut la réglementation la plus exacte, afin que, tout ce qui doit être fait, soit fait et qu'aucune corvée, négligée par les uns, ne vienne entraver la liberté des autres : « Si tu ne fais pas ton service et qu'il faille que je le fasse, tu as été doublement libre, mais moi je ne le suis pas du tout. » Voilà pourquoi la liberté individuelle ne peut résulter, uniquement, que de la stricte réglementation, assurant d'abord l'exécution ponctuelle de toutes les corvées.

Pour les femmes seules ou voulant vivre seules, elles auraient droit à la part sociale en travaillant, dans la profession de leur choix si cela se peut, ou dans la profession où le personnel manquerait ; car il est bien évident qu'à moins d'aptitudes extraordinaires, on sera casé là où il le faudra et non, là où on le voudra ; mais la corvée légale étant très courte, l'embrigadé retrouve bien vite sa liberté et s'occupe alors à ce qui lui plaît.

Le Peuple. — Et si la femme seule est mère où si elle le devient, et que, pour une raison ou pour une autre, elle ne soit point associée à un compagnon, cette mère célibataire sera-t-elle obligée d'être travailleuse d'une profession quelconque en même temps qu'elle fera œuvre de gestation et que, ensuite, elle aurait à allaiter son enfant ?

La Femme. — Non, toute femme en état de gestation sera dispensée du travail professionnel, mais comme on ne reste point immobile pendant le temps de cette gestation, comme même l'inaction serait désastreuse à l'œuvre maternelle, la femme, d'elle-même, aimera mieux s'occuper ; mais, pour celles-là, il n'y aura aucun travail imposé, elles feront ce qui leur plaira, et, le bon sens étant développé, elles feront œuvre utile pour leur propre satisfaction et pour la bonne approbation qu'elles en recueilleront. Quand l'enfant sera éclos et qu'elles seront nourrices, alors l'enfant suffira à les occuper jusqu'au jour ou l'enfant sevré et marchant seul, se trouvera alors beaucoup mieux en compagnie de petits camarades. Ce sera à la « pouponnière », que l'enfant ira pendant que la femme reprendra ses occupations. Dans cette pouponnière, tout sera installé pour le confortable et l'agrément des enfants, et par ce système, quelques femmes suffiront à la garde de ce jeune bataillon qui, sans cela, nécessiterait l'inactivité d'autant de femmes qu'il y aurait de bébés; de plus, l'enfant se trouverait infiniment mieux à cette pouponnière, avec des êtres de son âge, que dans la famille, avec des êtres plus âgés qui, voulant le distraire, agissent trop sur son cerveau. La pouponnière sera donc, tout à la fois, le bien des enfants, le bien des parents et un très grand avantage pour la société.

LE PEUPLE. — Femme, et le mariage; que voterais-tu à ce sujet?

LA FEMME. — Je voterais que le mariage doit être l'union volontaire et non l'union forcée. C'est par son propre oui qu'on se marie et non par le oui de son associé; or, du moment que l'un des époux dit non, à quelque moment que ce soit, c'est-à-dire depuis quelque durée de temps que le mariage ait fonctionné, le mariage est rompu. S'il y a une possession qui vous appartienne en propre, c'est la possession de soi-même; obliger un des deux époux à rester uni à l'autre, c'est le faire esclave dans la forme la plus honteuse, la plus dégradante, la plus avilissante; la misère seule a pu justifier ce contrat forcé; la misère n'existant plus, le mariage est désormais la libre union d'une double affection.

LE PEUPLE. — Et dans le ménage, dans la famille, n'y aura-t-il plus l'enfant? Sera-t-il gardé dans les écoles nationales où on l'élèvera aux frais de l'État?

LA FEMME. — Il n'y aura pas d'internat, hormis pour les orphelins ou pour les enfants que leurs parents ne pourraient ou ne voudraient garder; tous les autres enfants iront à l'école le matin, en sortiront à la fin de la journée et reviendront dans leur famille, où ils pourront prendre tous leur repas si les parents préfèrent cette solution. Une subvention nationale étant accordée à chaque écolier ou écolière pour son entretien et sa nourriture, partout où l'élève mangera, la subvention spéciale à sa nourriture l'y suivra. La société a un grand intérêt à ce que, chaque jour, l'enfant rentre au logis familial afin de s'imprégner des sentiments bons et tendres que la mère et le père lui prodigueront et que nulle autre froide leçon ne pourrait remplacer. La civilisation n'a pas seulement besoin que les êtres soient instruits, elle a besoin qu'ils soient bons.

LE PEUPLE. — Femme; si les étrangers accourent dans le pays à cause que l'organisation leur en semblera bonne, ne crains-tu pas que, par cette invasion, les premiers habitants n'en soient expulsés.

LA FEMME. — Non. Si l'organisation nouvelle semble bonne aux étrangers, ils l'installeront chez eux. Quand on a inventé : la boussole, le chronomètre et plus récemment l'emploi merveilleux de la vapeur et de l'électricité, les autres nations ont reproduit chez elles et pour elles ces inventions nées dans un pays quelconque. Ce sera de même pour l'organisation sociale; le bon système, c'est-à-dire le plus utile, le plus profitable, sera reproduit par les peuples qui l'adapteront chez eux, dès qu'ils en auront compris nettement le fonctionnement possible et la supériorité.

LE PEUPLE. — Femme, et pour le clergé, que voterais-tu ?

LA FEMME. — Je voterais la suppression de tous les budgets des cultes et de tous les privilèges du clergé, mais là s'arrêteraient mes lois contre le clergé. Comment recrute-t-on le clergé ? En montrant au jeune homme pauvre les difficultés de l'existence. « Qu'auras-tu à attendre dans la société, lui dit-on? Le rude labeur, pas même certain, qui t'exténuera et ne te donnera en échange ni richesse ni considération; tu seras la bête de somme qu'on repousse brutalement quand on n'en a pas besoin; lorsque tu iras offrir tes forces pour demander de l'ouvrage, le maître, dédaigneusement, comme s'il s'agissait d'un paquet de chair sans ressort et sans souffrance, le maître te dira : non, et te tourneras le dos; et si tu cries trop fort, disant que tu veux vivre, on t'empoignera et on te fourrera en prison ! Voilà ce que la société a pour toi. »

« Si tu veux être professeur, employé quelconque, mille postulants affamés se précipiteront, en même temps que toi, à la place où tu veux entrer; et si tu y entres, n'en sors pas, avale tous les déboires, tous les affronts, toutes les injustices; dehors, c'est l[illegible] famine, [illegible] c'est le [illegible]uicide! »

Voilà comment on recrute le petit clergé, celui qui [illegible]atéchise le peuple, celui qui fait la religion. Le haut clergé, on ne le voit pas, et toutes les religions crouleraient si les hauts dignitaires de ces religions étaient seuls à les représenter.

Donc, changeant l'ordre social, assurant le droit à la vie belle, noble, élevée, à toute créature, en échange d'un peu de travail obligatoire, qui ne lui ferait que mieux sentir la joie de sa liberté, après le travail achevé, en fondant cet ordre social nouveau, toutes les vieilles erreurs, toutes les vieilles servitudes disparaîtraient, n'ayant plus de porte-voix pour se répercuter, car la jeunesse qui s'enrôle dans la morne religion pour en vivre, cette jeunesse accourrait à l'ordre social nouveau, comme le troupeau affamé dans le désert, bondit vers l'oasis, tout d'un coup découverte, et qui l'appelle avec son abondance, sa fraîcheur et ses joies!

Alors, ayant réuni tous ses enfants, tous ses génies, tous ses savants, tous ses artistes, tous ses travailleurs, créateurs de la vie, la race humaine regarderait son œuvre, et, voyant ses palais, ses musées, ses temples des expositions permanentes, où chacun viendrait apporter son œuvre la plus belle, la plus utile comme la preuve du perfectionnement de l'intelligence et du labeur humains, la race contemplant son œuvre, c'est-à-dire les éléments domptés, la nature embellie, la civilisation suprêmement perfectionnée; la race, songeant aux divinités illusoires d'autrefois; la race se dirait, souriante : Tiens! les Dieux, c'est nous!

LÉONIE ROUZADE.

16 mai 1896.

Paris. — Imprimerie Nouvelle (association ouvrière), 11, rue Cadet.
A. Mangeot, directeur. — 730-5.

www.ingramcontent.com/pod-product-compliance
Ingram Content Group UK Ltd.
Pitfield, Milton Keynes, MK11 3LW, UK
UKHW020404220726
13923UKWH00004B/1728